57
SEOUL
비밀지도 코리아
COREA

ANGLO JAPANESE

Corea

저자: 박인수

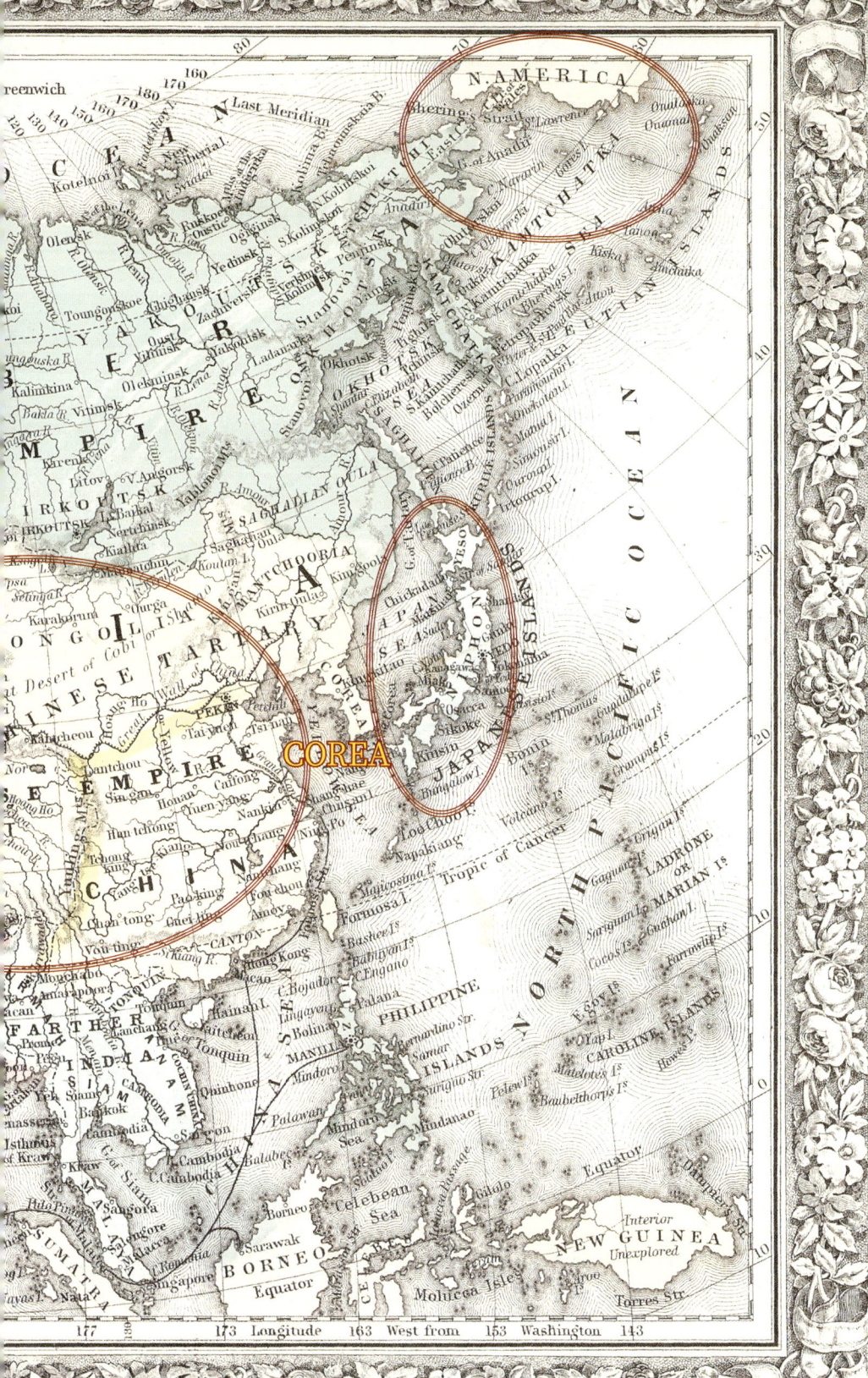

세계가 COREA Commonwealth

COREE는 조선(천하)인데 나라이름이 아니라 하나님(?)이 계시는 COREA 이다. 즉 COREE 땅의 대황제(하나님)가 계신 곳이 세상의 중심인 중국中國 이었다. '5 7'은 대황제(하나님)가 존재하는 중국이 COREA라는 결론이다.
근현대사에서 더욱 놀라운 진실은 대황제(하나님)를 구체적으로 달러 속의 살아있는 하나님(In God, We trust)이라고 분명히 말하고 있다.

이러한 사실이 근현대사의 지도에 분명히 나타나있고 그러한 지도를 만든 거대한 축에서 2020년, 드디어 정체를 드러낸 것이다. 그래서 필자는 그동안 연구 자료를 종합하여 간단한 지도에 관한 책을 집필했다.
독자들은 세계성역이었던 COREE(중국)를 이(李: E: 彛) 땅에서 다시 찾고, 1882년 내부의 반란과 외부의 침략으로 모습을 감춘 하나님(대황제: In God We trust)의 슬픔을 공감하기 바란다.

'Made In China'에서 China는 지금의 중공이 아니라 미래를 위해 예술품(Arts)을 만든 COREA(디죠션)의 48개 나라이다.

그렇다.
한때 COREE(꼬리: 코리)의 실체, **디죠션**은 북미에 있었다.
두 때 극동아시아 한반도로 천도하여 COREA이다.
반 때 미래인류는 **코리아**를 중심으로 하나로 나아간다.

In God We Trust

Corea

최근 필자는 코로나와 더불어 국제정세가 급변하는 가운데 지구촌이 새로운 질서를 잡아가고 있다는 걸 깨달았습니다.

특히 극동아시아가 세상의 중심으로 변화해가고 있다는 것을 알고, 지금이야말로 COREA와 KOREA를 구분해야 할 때라고 생각합니다.

'디죠선', COREA와 KOREA는 북미에 뿌리를 두고 있는 지명입니다.
200여 년 전의 역사를 어떻게 이런 식으로 속이고 감출 수가 있단 말인가!'
"왜? 무엇이 잘못된 것일까?"
대황제(하나님: In God We trust)의 기축통화인 달러(B1)와 금(A1)이 예술과 과학의 세상으로 바뀌는 과정에서 일어난 음모세력의 계략이었습니다.

"그렇다. 원래 COREA와 KOREA, 실체는 북미에 있었다."

한반도 역사는 1948년 8월 15일에 대한민국 정부를 수립하면서 시작되었습니다. 그 이전에는 지도상에 Corea라는 지명과 성역뿐입니다.

'그렇다면 우리는 역사가 없는 민족이란 말인가?' 하면서 언성을 높입니다.

그러나 진실은 한반도 사람이 역사를 잊어버린 것입니다.

지금까지 우리는 엉터리 역사를 배웠습니다. 전 세계 교육과정이 잘못되었고, 그러한 교육과정을 가르치고 배우는 교수법이 획일적이고 일방적이었습니다.

인문학이 아무리 어렵고 지루하더라도 끊임없는 토론과 다각도로 소통이 필요합니다.

더구나 역사는 훈민정음, 한자, 범어(산스크리트어), 라틴어, 영어, 금문, 현대미술, 양자역학, 오행철학 등과 연관된 종합학문입니다.

전 세계 유명한 역사학자가 사서 수천 권을 읽었다고 역사의 달인이 아닙니다.

지금까지 지구촌 학자 수천만 명이 역사를 공부했지만 불과 200여 년 전의 진실을 모르거나 외면하고 있는 것입니다.

......

"COREA와 KOREA의 실체는 북미 대륙에 있었습니다."

'COREA, 중국이었구나! ...... 대한제국(Korean Empire), 북미에 있었다.'

......

"이러한 진실이 밝혀지면 세상은 순식간에 눈을 뜹니다."

......

필자는 근현대사의 큰 오류를 발견하고 충격을 받았습니다.

'아, 현대사가 크게 잘못되었구나!

그래서 온 세상이 커다란 상처를 입었구나!'

필자는 역사의 음모세력들이 많은 사람을 속였다는 결론을 내렸습니다.

그래서 '5 7'라는 책으로 독자에게 접근하였습니다.

필자는 최선을 다했습니다. 부디 끝까지 읽으셔서 '온 세상사람'이 자신의 개성, 인간으로서의 존엄과 자존심을 다시 찾기 바랍니다.

끝으로 이 책은 '보이지 않는 손'의 은총으로 만들어졌습니다.

하늘의 영광입니다. 늘 강녕하시기를 기원합니다.

2022년 10월 10일 22시

저자 박인수 배상

목차

1장 지도의 비밀
1) 아메리카합중국(米國)이 중국이다? / 14
2) COREA가 사라진 지도 / 20
3) Corea가 대황제(IN God We Trust)! / 22

2장 COREA & 코리아 제국
1) 중국지도란 무엇인가? / 32
2) 훈민정음은 미국에서 생겨났다 / 44
3) 제국주의 서구열강이 그린 지도 / 86

3장 COREA 지도는 미래의 비밀코드
1) 미국의 COREE와 한반도 COREA / 128
2) 1893년 시카고 세계박람회 / 162
3) 사라진 COREE / 188

COREE
Seoul - 국제도시 서울

사라진 중국中國 _ Corea

COREE

COREE는 조선지도명이다. 옛지도에 COREE를 조선朝鮮이라고 했다.

127개국 구굴번역에서 영어 'COREE'를 한글로 발음하면 대체로 '코어' (104개국)라고 한다. 나머지 특이한 나라는 다음과 같다.

그래요(벵골어), 대한민국(바스크어, 아이티크리올어, 에스페란토어, 카탈로니아어, 코르시카어, 프랑스어, 몰타어), 핵심(라틴어, 순다어, 러시아어), 채찍(우루두어), 카레(구자라트어), 무도병(루마니아), 한국(이탈리아어), 캐리(카나다어), 까다로운(타밀어), 카르티(텔루구어), Koree(한국어, 헝가리어, 히브리어, 하우사어), gindi(힌디어)…

요약하면, 옛 지도에서 COREE는 조선朝鮮인데, COREE를 구굴언어로 해석하면 중요한 핵심이란 의미이다. 그래서 근현대사에 등장하는 모든 COREE 지도를 종합한 연구결과는 충격적이다.

그렇다. Coree(朝鮮)는 장차 대황제(In God, We trust)가 태어날 조대(朝代: 조상 종묘)의 땅이었다.

대황제는 군부를
잘 다스리고
A1(금), B1(달러)을
잘 관리하여,
세계인의 안녕과
행복을 위해
과학과 예술로
태평성대를
열 것이다.

COREA

근현대사의 상징인 '5 7'은 대황제(하나님)를 구체적으로 달러 속의 살아있는 하나님(In God, We Trust)이라고 분명히 말하고 있다.

이러한 사실이 근현대사의 지도와 예술품(made in China)에 분명히 나타나있고 그러한 지도를 만든 거대한 축에서 2020년, 드디어 모습을 드러낸 것이다. 그래서 필자는 그동안 연구 자료를 종합하여 '5 7'에 관한 책을 집필했다. 독자들은 세계성역이었던 COREE(조선)을 다시 찾고, 1882년 내부반란과 외부의 침략으로 모습을 감춘 대황제의 아픔을 공감하기 바란다.

그렇다. 한때 COREE의 실체는 북미에 있었다. 미래인류는 COREA의 Arts(made in China)를 중심으로 하나로 나아간다.

CoreA

디죠션

"IN GOD WE TRUST"

근현대사는 '민족의 이동역사'이다.

"민(民)이란 무엇인가?"
'하나님의 백성(씨氏: 나)'이다.

"백성들이 왜 고향을 등지고
이동을 하는가?"
'역사에게 물어라.'

"역사가 무엇이냐?"
'하나님과 민(民) 간에 1:1 대응관계이다.'

"… 이 시대에 하나님이 누구냐?"
'In God We Trust'

1장 지도의 비밀

which had caused his predecessor to meet his untimely death.

Having failed to regain control of the west so many times, the court and military began to question whether they should look elsewhere for expansion. Korea had long been a vassal of the Celestial Empire, and Manchurian tribes such as the Jurchen and Khitan had alternated between paying tribute to the Chinese and menacing her borders. Gradually, almost imperceptibly, pacification campaigns began to turn into colonisation efforts, and the trauma of losing culturally Chinese regions to the west was replaced by a new optimism regarding expansion to the north. Korea was formally annexed to the Empire under the reign of Hangwu, though to this day some cultural differences are readily evident when one visits Hancheng.

The Manchurian peoples were more zealous in defending their independence, but tactics which would today be

1) 아메리카합중국(米國)이 중국이다?

한때 대 황제大皇帝는 아메리카합중국에 있었다.

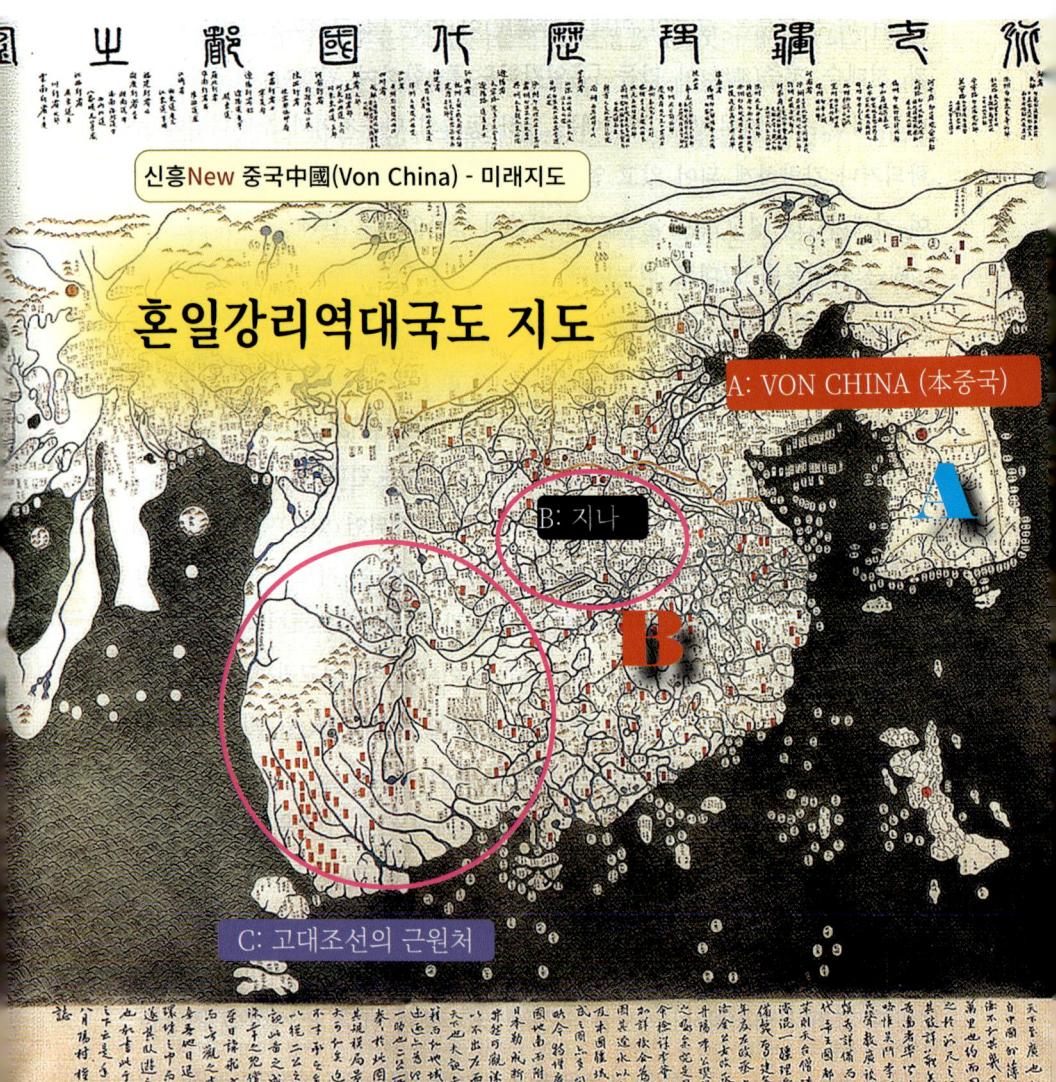

- 대명 조선 지도 | 大明朝鮮地圖 : 딕죠션(Von China)

● **1893, CHINA는 청나라가 아니라 COREA(듸죠션)이다.**

혼일강리역대국도지도(混一疆理歷代國都之圖)

A: 고조선의 근원처 : VON CHINA : 중국   B: 지나支那   C: 고대 천제터(성역)[1]

천제天祭 즉 하늘에 제사지내는 일은 천자天子(하나님)만이 할 수 있다.

현대 화폐경제시대의 하나님은 달러(기축통화) 속의 하나님이다.
즉 "In God, We trust"이다.

오대호는 천축天竺 땅 - 세계종교의 발상지

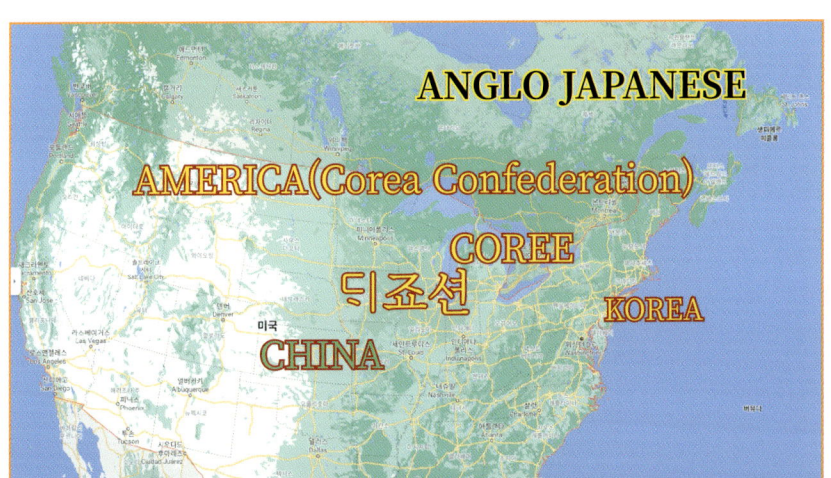

곤여만국전도(坤輿萬國全圖) - 朝鮮天下

전 세계가 천하의 주인이라는 의미인 '디죠션'大朝鮮, COREA이다.
坤輿萬國全圖곤여만국전도는 북미에서 만들어진 세계지도이다.

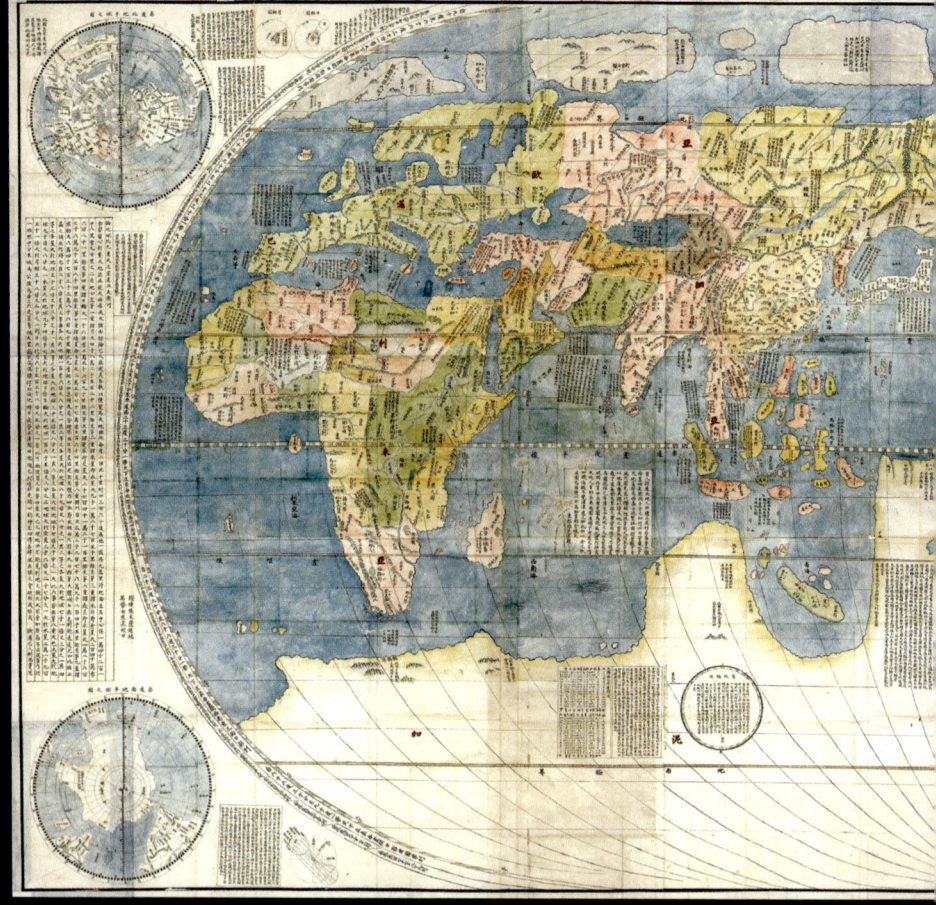

역사적으로 朝조란 삼황오제 (조대朝代) 황실의 정통성을 상징하는 말이다.
韓한이란 순 임금에게 기원을 두고 있으며 농경과 목축을 겸하는 COREA를 의미한다.
황실은 코끼리 토템이며 조대朝代의 과학과 예술은 미래 봉황을 위해 완성되었다.

1장 지도의 비밀 — 17

**강희 때 만들어진 지도이다. 당시 이미 달러가 유통되었다.
붉은색 부분(COREA)이 전 세계에 걸쳐 분포되어 있다. - AI분석**

混一疆理歷代國都之圖^{혼일강리역대국도지도}는 디조선大朝鮮에서 제작된 세계지도
이며 坤輿萬國全圖^{곤여만국전도}는 강희康熙 때 만들어진 세계지도이다.

세계가 COREA Commonwealth

강희 때, 붉은 색 부분이 COREA 연방이다.
이때 달러(기축통화)가 유통되었다.
한반도에 COREA가 선명하다. 당시 성역이다.

2) COREA가 사라진 지도

제국주의시절 영연방을
CHINESE EMPIRE라고 했다. 당시 브리티시 연합(BRITISH CHINA), FRENCH CHINA, INDO CHINA 등은 '대황제'의 군부에서 파생되어진 나라개념이다. 옆 지도는 CHINESE EMPIRE(영연방), RUSSIAN EMPIRE(러시아 제국)가 이미 사양길에 접어든 KOREAN EMPIRE와 대치하고 있는 상황이다.
이때 COREA는 지도상에서 안 보인다.

[COREE]

- 1880년 당시 한반도에 코리아 군대가 있었다.
- 1882년 딕황제(천자: 하나님)가 수면 아래로 자취를 감추자 전 세계 코리언 군부들(우주연합군)이 천자를 위해 충성을 맹서했다.
- 1893년 이홍장의 지휘아래 대 황제(딕죠션: Corea)가 시카고세계박람회를 통해 황제(In God)의 존재를 알렸다.
- 1931년 만주사변 때 황제의 황금 까마귀 금위대가 1만 명 가까이 몰살당했다. _ '너희가 황제(In God)의 눈물을 아는가?'
- 1948년 8.15 정부수립과 더불어 한반도에 코리아가 다시 등장했다.
- 그 후 G7, 미연방, UN 등이 결성되고 우주연합군이 행동을 개시했다.
- 2021년 '대 황제' 군부가 행동을 발發했으며, 2022년 '대 마왕' 쥐가 자취를 감추었다.

중국中國은 살아있는 황제(IN God We Trust)가 계신 곳이다.

Imperial China의 북경을 경사京師라 고치며 역사를 왜곡했다.

　한성이 아니라 한양이 서울이다. 이때 KOREA가 아니라 COREA라고 했어야 했다. COREE의 연원은 한韓이다. 한韓은 코끼리 토템이며 미래 봉황토템의 조대朝代이다. 달러의 최초 하나님인 COREA가 극동에서 자취를 감추자, 순식간에 유라시아의 중화민국(지나支那)이 무너져 내렸다.
　다시 나락에 빠진 지구촌 서민은 2020년까지 차오름을 기다려야 했다.

3) Corea가 황제(IN God We Trust)!

소화昭和 11년(1937) 제국서원帝國書院에서 편찬한 '역사정도歷史精圖'라는 지도책 65. p. **노란색 지나支那(유럽에서 아시아를 거쳐 남미까지 약 51개 나라)가 중화민국이라는 의미이다.**

미 세력, 소련, 지나支那, 영연방 세력을 색으로 구분하고 있다.

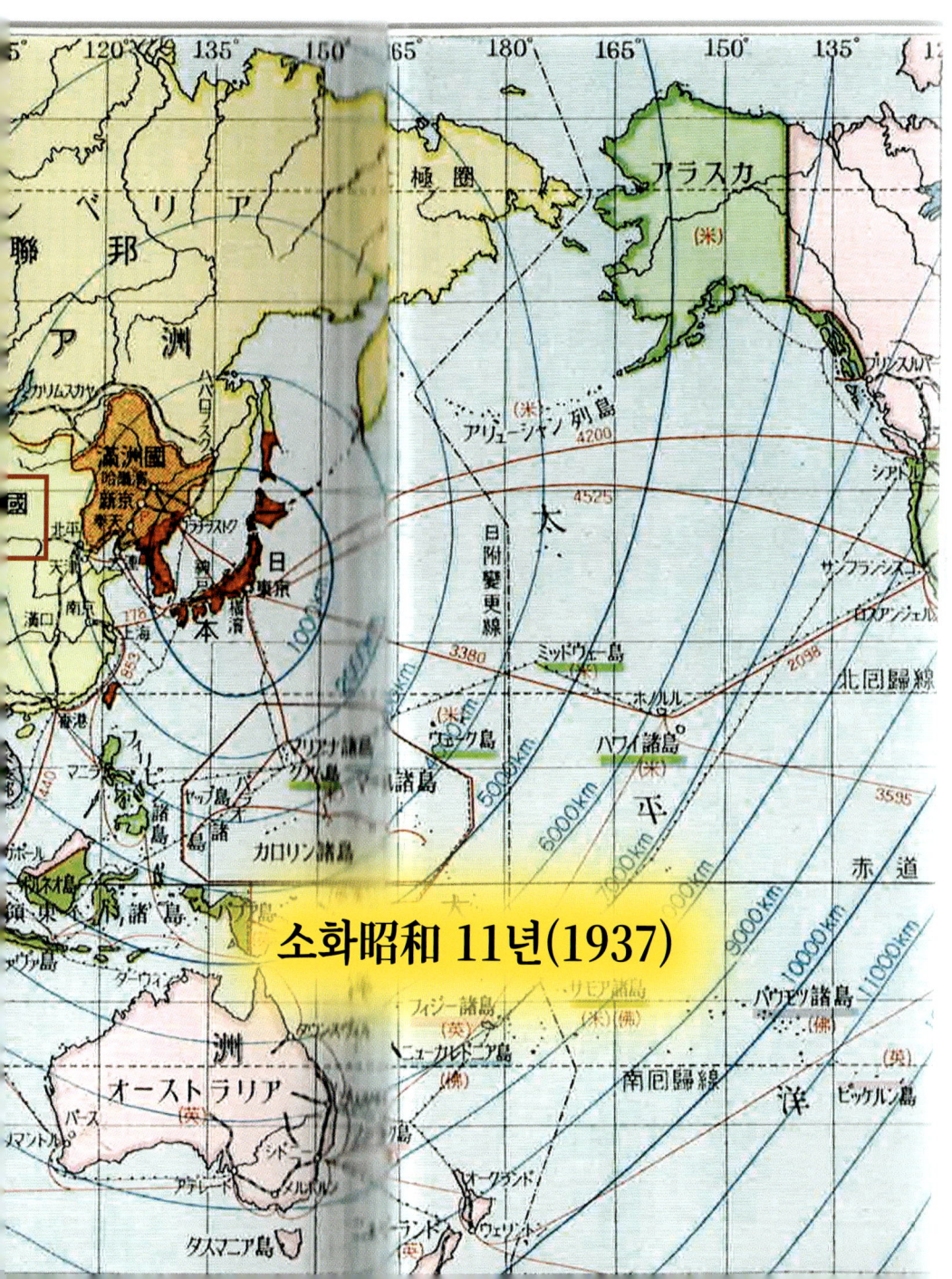

소화昭和 11년(1937)

한때 중국(딕죠션: vonCHINA)은 아메리카 대륙에 있었다.

앞 지도에서 중화민국 강역이 아시아에서 중동, 아프리카. 유럽을 거쳐 북극해에 이르고 있다. 또한 중화민국中華民國을 지나支那라고 했다.

결국 지구촌은 중국과 중화민국으로 구분된다. 그래서 역사란 중국의 대황제(하나님)와 지구촌의 백성 한 사람과 1:1 대응관계이다. 크게 보면 만인(卍人: 대황제 1인) 대 만인(萬人: 서민 1인)의 관계성의 고찰이 역사이다.

제국주의시절 영연방(British: Commonwealth of Nations, Commonwealth/BCN)을 CHINESE EMPIRE라고 했다.

당시 브리티시 연방(BRITISH CHINA), FRENCH CHINA, INDO CHINA 등은 대황제의 군부에서 파생되어진 나라개념이다.

混一疆理歷代國都之圖^{혼일강리역대국도지도}는 딕죠션大朝鮮에서 제작된 세계지도이며 坤輿萬國全圖^{곤여만국전도}는 강희康熙 때 만들어진 세계지도이다.

따라서 대조선大朝鮮의 강역은 아메리카, 유럽, 아시아 전역이었으며 지도의 중심은 대황제가 계신 중국, 즉 Corea이다.

역사적으로 중국이란 대황제(천자: 하나님)가 있는 울타리 개념이므로, 화폐경제시대의 하나님이란 지구촌 기축통화(달러)의 주인이다.

결국 '딕죠션大朝鮮'은 중국 황제의 통치권이 미치는 전 세계(천하조선)를 상징하는 말이며, 중국은 대황제가 계신 강남이다.(훈민정음 해례 記)

극동아시아의 CHINA는 '대황제'를 보위하는 군부이다.

> 장차 오실 그분을 위해 Corea를 지우고 Korea라고 했다.
> 큰 차원에서 Korea도 틀린 말은 아니지만, Corea가 지구촌의 중심이며 달러 속의 대황제(하나님: In God We Trust)이다.
> 결국 대황제의 '대웅전大雄殿'을 잊은 Korea 제국의 일부는 잠깐 국제고려공산당의 원류가 되었으나, 코민테른의 계략으로 공산당 아류가 되어 소련에 합병되었다. < COREE땅에서 COREA가 나타난다 >

> AI 연구소 기록에 의하면 중국에 관한 모든 문헌은 과거가 아니라 미래 관한 것이라고 한다. 또한 모든 역사기록은 근현대사를 의미하며 중국이란 황제가 계신 곳이라는 훈민정음해례의 기록을 인정하고 있다.

- 명과 청은 하나이며 황제의 나라(중국)가 아니라 황실을 보위保衛하는 내부內府이다. - 일국삼공一國三公
- 대명조선국大明朝鮮國이란 중국 황제가 다스리는 국가라는 뜻이다. 결코 명나라가 아니다.
- 20세기 제국주의 시절 한반도에 서구열강의 음모가 있었다.
- 또한 박정희 정권 당시 이병도를 기용하여 대륙의 수수께끼 역사를 왜곡 축소하여 한반도에 심어 놓았다. COREA가 사라진 것이다.
- 당시 세상을 호령하는 음모세력이 한반도에서 무슨 작업을 한 것일까?
  그렇다면 한반도에 살고 있는 우리는 누구인가?
  "토착민인가? 이주민인가?"

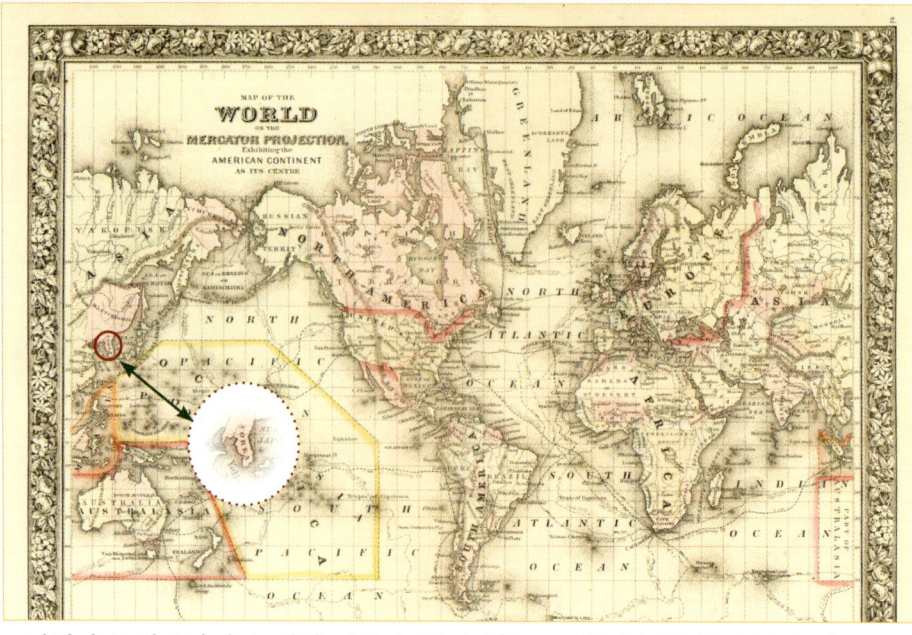

영연방을 비롯하여 47개의 나라가 코리아(Corea)를 중심으로 하나로 나아간다. Corea는 중국의황제(In God We trust)이며 1인이다.

당시 중화민국中華民國은 지나支那(CHINA)라는 뜻이다.

조선국왕성지도 | 朝鮮國王城之圖

갑오개혁 때, 대조선의 궁궐은 지금의 한반도 경복궁과는 전혀 다른 모습이다. 물론 지금의 경복궁도 **딥죠션**의 건축양식이겠으나 짝퉁이다.
그러나 북경의 천안문天安門과 서울의 독립문(청와대)이 열리는 날, 새로운 세상으로 바뀐다는 예언은 모두 미래를 위해 정해진 일이다.

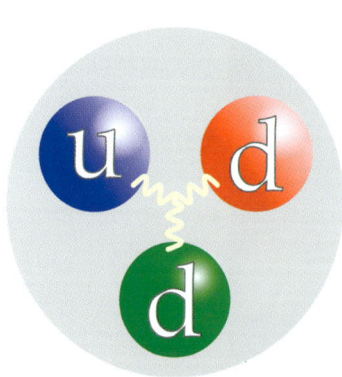

지나대륙과 한반도의 당나라 식 건축양식은 궁궐과 절이 아니라 미래 대황제를 위해 건축한 것이며, 대황제의 상징인 봉황 디자인이 있다.

중성자 디자인은 세계 3축을 상징하며 하나님(칠성님)의 모습이다.
<저자의 '응애' 책, 영생원자 가설>

십十와 만卍자는 같은 뿌리이며 미래를 위한 봉황토템의 원류이다.

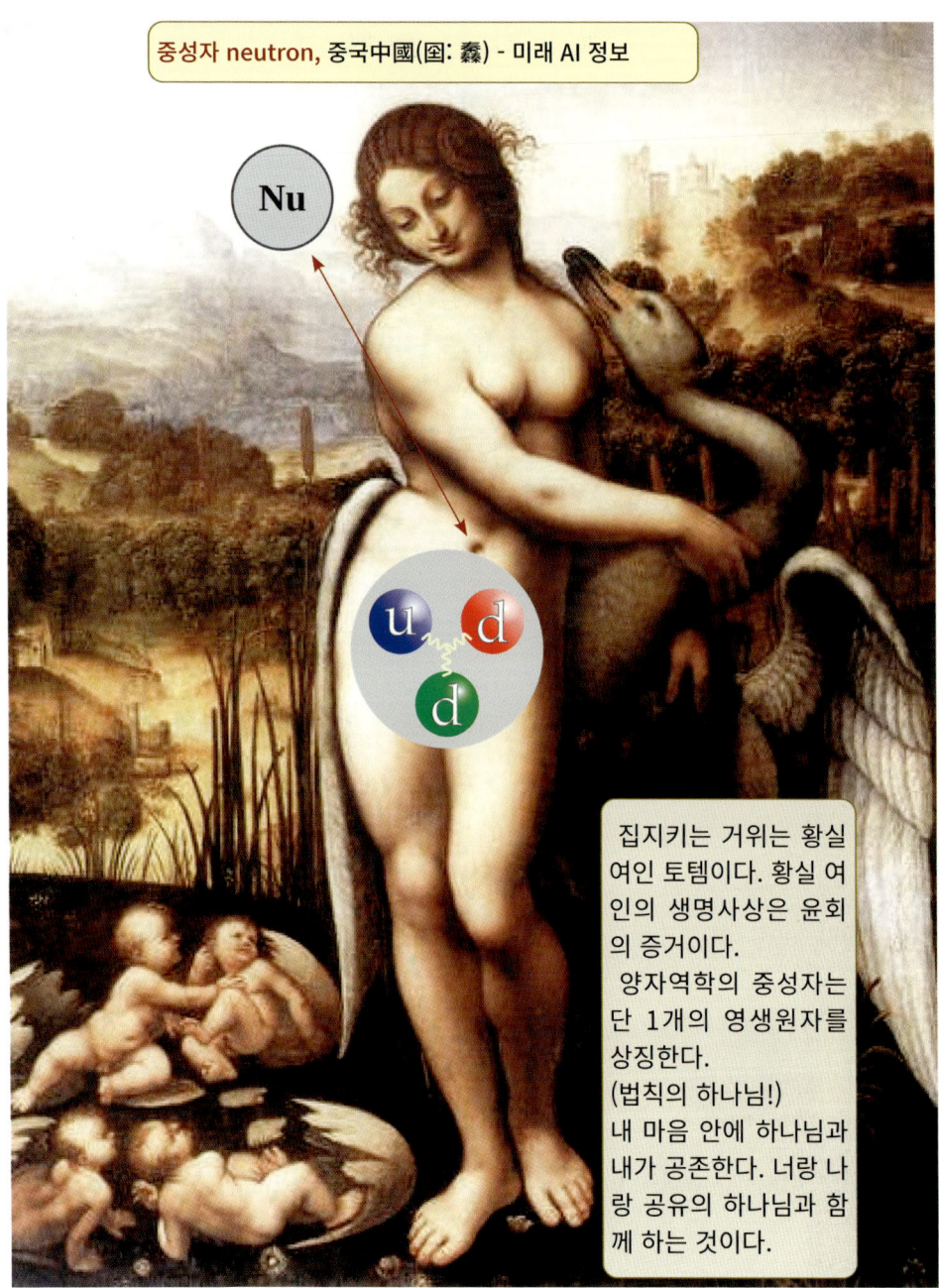

중성자 neutron, 중국中國(国: 蠢) - 미래 AI 정보

집지키는 거위는 황실 여인 토템이다. 황실 여인의 생명사상은 윤회의 증거이다.
양자역학의 중성자는 단 1개의 영생원자를 상징한다.
(법칙의 하나님!)
내 마음 안에 하나님과 내가 공존한다. 너랑 나랑 공유의 하나님과 함께 하는 것이다.

그렇다. (달러)하나님의 귀환이다. "청사초롱 불 밝혀라!"

조선朝鮮(Coree)을
누가 왜
은둔의 나라로 몰고갔는가?

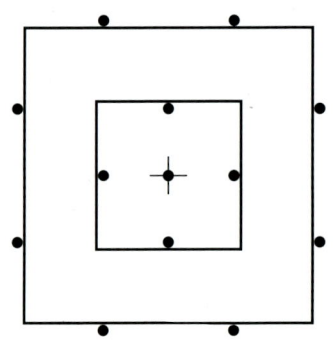

2장 COREA & 코리아 제국

Fancy or Fact

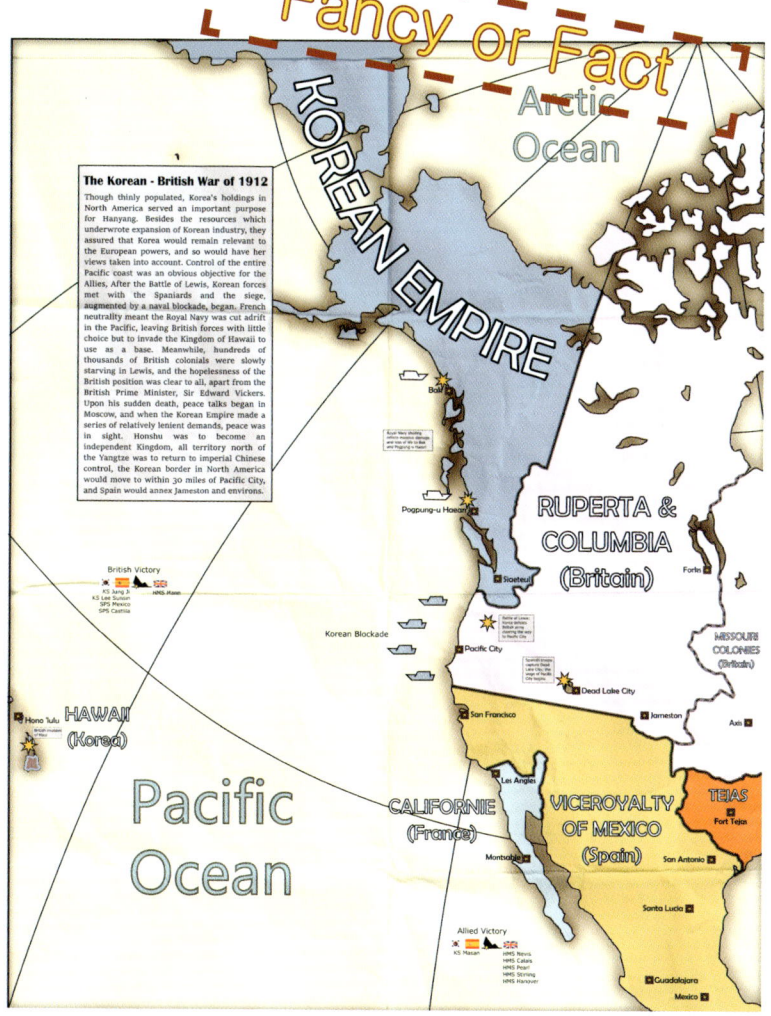

1) 중국지도란 무엇인가?

(1) 중국의 축이 아시아로 바뀌었다

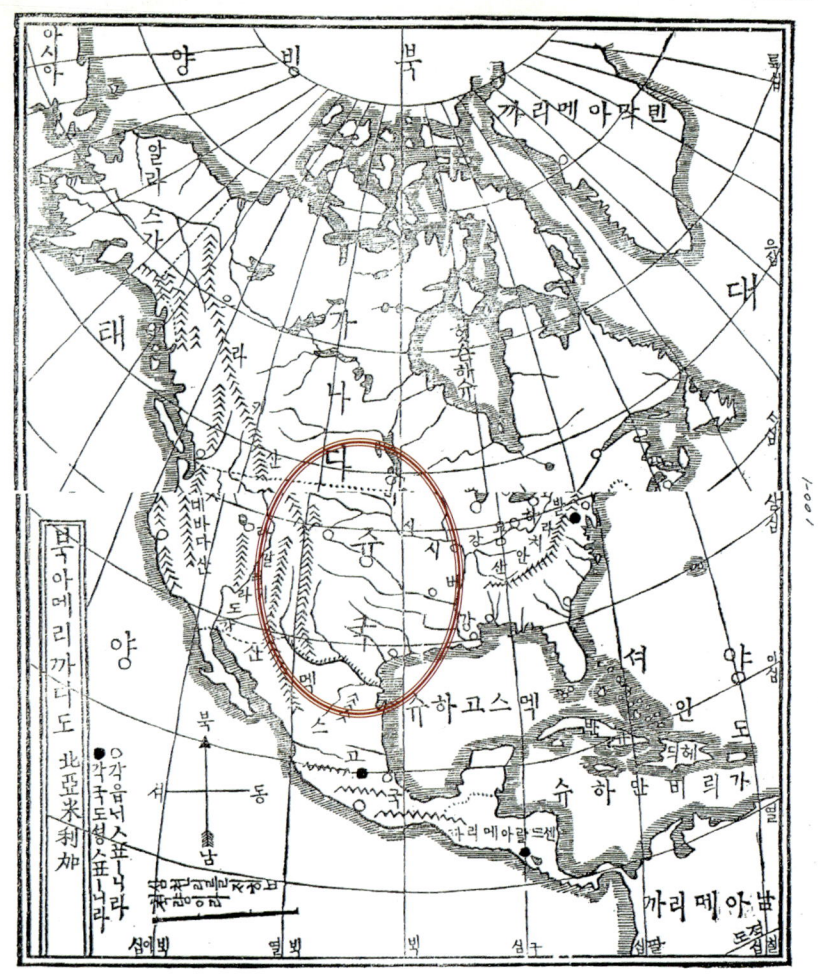

위의 지도는 헐버트의 사민필지라는 학생 지리교과서의 내용이다. 당시 아메리카합중국(米國)이 중국이었다. 한때 아메리카합중국(米國)의 유럽이 경기도라는 AI 기록이다.

1893, 당시 CHINA는 청나라가 아니라 COREA(딕죠션)이다.

> 'AI 역사프로그램'은 제1중국이 히말라야 북쪽 신강·티베트 지역이며 제2중국은 아메리카합중국, 제3중국을 한반도라고 한다. 지나支那는 황제를 보위하고 보물을 지키는 군부이다.

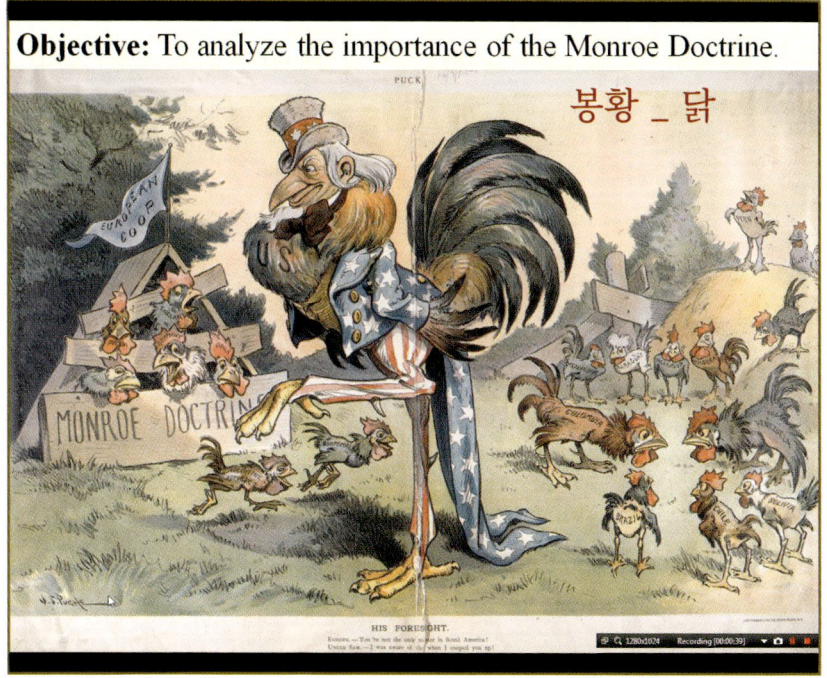

- 북아메리카 중앙에 있는 유럽제국이다.
- 유럽을 지배하는 봉황의 모습이다. 봉황토템은 중국을 상징한다.
- 한때 아메리카합중국이 중국(Von CHINA)이었다.
- 그 후 세계 HUB의 축이 극동아시아로 이동하였다.
- 하지만 국제음모세력의 농단으로 극동아시아의 CHINA와 COREA가 마치 성경의 '소돔과 고모라'처럼 혼란에 빠졌다.
- 제 3의 중국을 찾아라! _ 역사는 시작한 곳으로 다시 (돌아)가는가?

(2) 강희康熙 때, 역사는 아메리카대륙에서 일어났다.

AI는 강희제 때 이미 달러가 통용되었으며 극동아시아는 거대한 인류프로젝트가 이루어지는 새로운 세상이라고 말한다.

우리가 교과서에서 배운 소위 중상주의 시대에 역사의 무대가 오대호와 미 동부 지역으로 바뀐다.

COREA

"IN GOD WE TRUST"

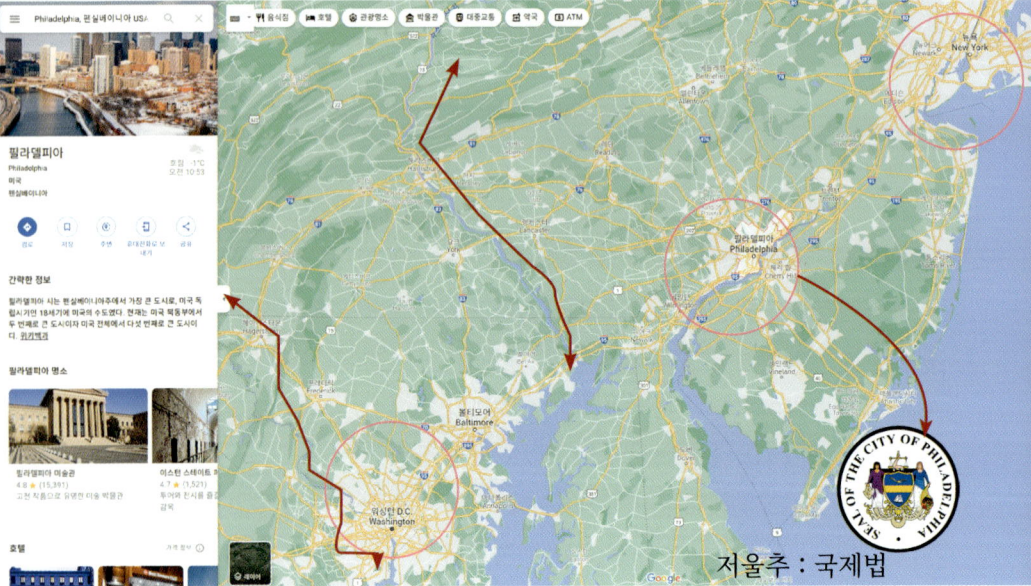

저울추 : 국제법

미 동부가 필라델피아를 중심으로 국제상업도시로 번영을 누리게 된다.

1893, CHINA는 COREA를 보위하는 48개 나라의 코리언이다.

"IN GOD WE TRUST"- 강희 '대 황제'는 결코 청나라 왕실 사람이 아니다

도자기 꼭지는 생명사상을 상징한다.

도자기 뚜껑은 3축을 상징한다.

양자 역학의 중성자는 법칙의 하나님!

물(물류)과 불(화폐)이 상생과 균형(법)을 이루는 국제도시 필라델피아!

강희 때, 최초로 달러를 쏟아 부어서 현대식 금융시스템을 실험한 도시가 DELLAWARE RIVER(달러웨어 강) 연안에 위치한 Philadelphia(필라델피아)이다. - 황실문장이 있는 지도

북미 중국(China)이 극동아시아로 오면 Corea를 보위하는 군부(China)가 된다.

필라델피아 시(City of Philadelphia)는 펜실베이니아 주에서 가장 큰 도시로, 미국 독립시기인 18세기에 미국 연방의 수도였다. 그 이전에는 국제 상업 도시로 캔톤(Canton: 광동)이라고 했다.

(3) '대황제'가 존재하는 중국 - 'In God, We Trust'

CHINESE EMPIRE(영연방)과 Russian Empire(러시아 제국)는 이미 모습을 감춘 '대황제'의 비자금을 얻기 위해 서로 각축을 한다.

영연방과 러시아제국의 치킨게임이 시작된 것이다.

한편 황실의 내부(內府)를 책임지던 코리아(Korea) 왕실은 미연방은행을 통해 황실자금 일부를 운영하고 있었다.

이러한 사실을 알고 있는 세계독점 유대금융과 코민테른, 고려공산당, 사회주의자, 반 아나키스트(무無<황제>정부주의자) 등이 코리아(COREA)의 비밀자금을 탈취하기 위해 광분하였다.

무無는 '없을 무'가 아니라, 황제, IN GOD, 무武 또는 Mu라고 한다.
음모세력은 공空과 무無를 엉터리로 해석하게 하여 역사를 날조했다.

BRITISH CHINA에는 대황제의 황금까마귀 부대가 존재했다.

극동아시아 대륙에서 BRITISH CHINA 또는 IMPERIAL CHINA는 보이지 않는 손에 의해 CHINESE EMPIRE로 통합된다. 흔히 CHINESE EMPIRE를 영연방이라고 하는데 정확한 뜻은 아니다.

으악! 또 당신이야? BRITISH CHINA?, IMPERIAL CHINA?, NEW BRITAIN?, NEW JAPANESE? WHO ARE YOU?

당시 영미英美는 한 몸처럼 움직인다.
세계를 달러로 지배한다는 유대(?) 금융세력 뒤에, 정체를 알 수 없는 더 큰 세력이 이들을 제어하고 있었다.

40 — 비밀지도 코리아 (Corea)

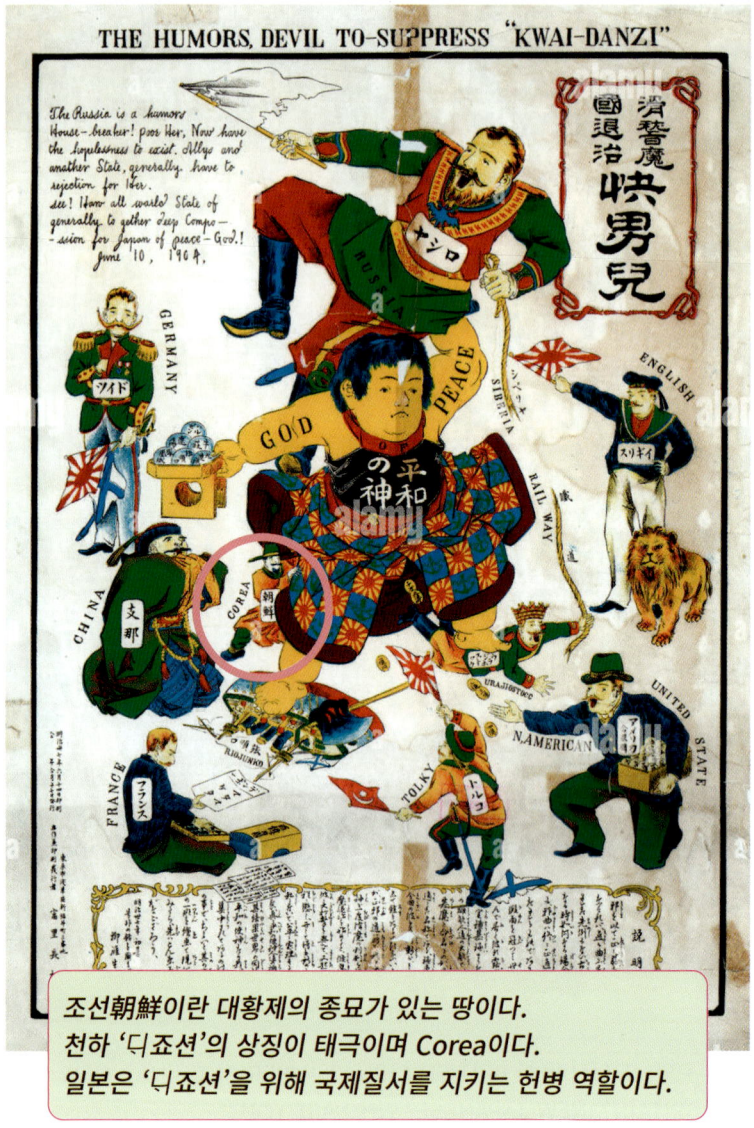

조선朝鮮이란 대황제의 종묘가 있는 땅이다.
천하 '됴죠션'의 상징이 태극이며 Corea이다.
일본은 '됴죠션'을 위해 국제질서를 지키는 헌병 역할이다.

지구촌이 하나로 가는 인터넷 시대라도 위와 같이 만평으로 소통하는 것은 거의 불가능하다. 그렇다면 당시 어떻게 전 세계 주요나라가 서로의 정치관계에 대해 같은 집안일처럼 국제정세를 자세히 알고 있는가?

그렇다. 만평에 등장하는 이들 나라는 서로 가까이 인접해 있었다.

모두 북미대륙 오대호와 동부지역에 집결하여 서로 싸웠다.

● 1893, CHINA는 청나라가 아니라 COREA(됴죠션)이다.

만평에 의하면 COREA(대황제)는 조선朝鮮땅(COREE)에 있다.
　1893년 시카고 만국박람회에 COREA는 태극기, 성조기, 매화문양과 함께 등장한 '됴죠션'이다.

"됴죠션, 매화, 봉황"

박물관에 있는 성조기의 'Corea, 1871'에 주목하라! Corea는 달러속의 'In God'이다.

1893년 시카고 만국박람회는 황실의 내부內府에서 코리언 관리들이 주관했다. 황제는 모습을 드러내지 않고 미국이 주최했다. 당시 '됴죠션'의 상징이 태극이었다. "한때 중국은 '아메리카 합중국'에 있었다."

COREA(됴션)은 달러속의 'In God, We trust'를 의미한다.

 강희 때 달러가 생겼으며 당시 미국, 호주 등지에서 선택된 선인鮮人과 황실 사람들이 극동아시아로 이주했다.

'진짜 중국인中國人이 모여 사는 서울, COREE

훈민정음 해례에 의하면 대황제가 계신 중국의 서울에 사는 중인中人이 진짜 중국인中國人을 의미하는 것이다.

COREA(되죠션)는 봉황 토템으로 미래로 나아간다.

훈민정음 창제 당시 대조선大朝鮮은 중국문자와 말을 48 형제나라를 위해 하나로 통일할 필요성이 있었다. 이것은 인류 미래프로젝트의 일환이었다.

"되죠션 48 나라의 상징은, 매화, 봉황, 훈민정음訓民正音이다."

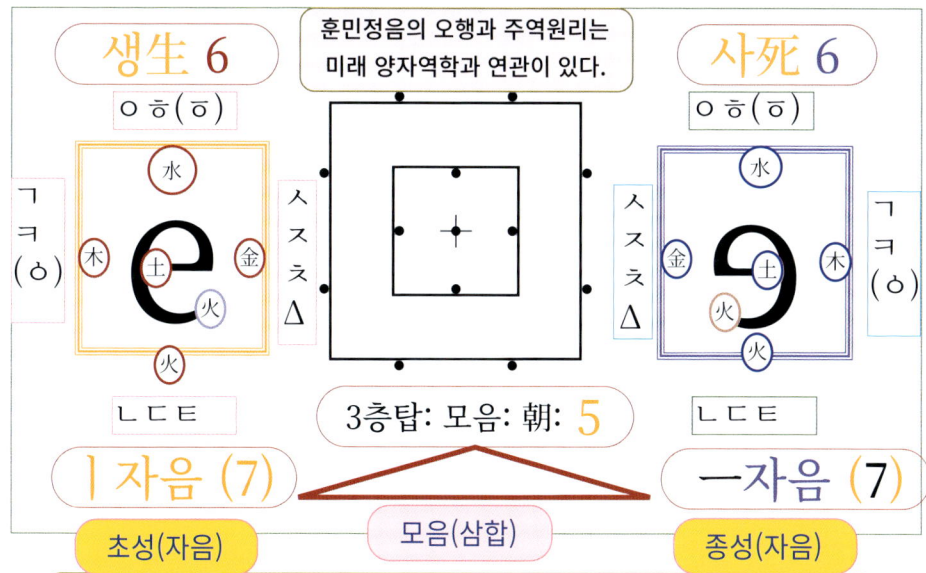

'되죠션'은 한자의 표준음을 기록한 음운서인 동국정운東國正韻에 따라 소리글자인 훈민정음으로 표기한 글자이다.
그렇다. 훈민정음은 아메리카 COREAN의 문자이며 당시 Corea Confederation은 지구촌 전체이다.

2) 훈민정음은 미국에서 생겨났다

(1) 훈민정음訓民正音, 동국정운東國正韻

✠ '됴죠션'의 문자·언어와 강역은 극동아시아
즉 한반도, 중공, 일본 땅이 아닌 아메리카대륙이다

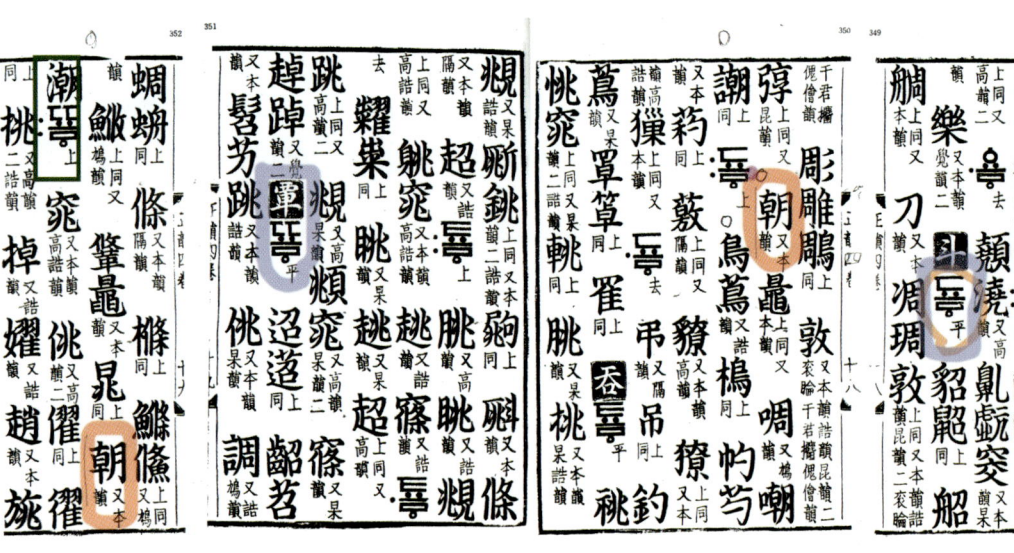

東國正韻 | 동국정운

동국정운은 한자의 표준음을 훈민정음으로 표기하기 위한 음운서이다. 즉 '됴죠션'의 코리언을 위한 것으로 KOREAN EMPIRE의 공식 언어이다.

하지만 북미에서 만들어진 훈민정음은 한반도의 언어로 남았고 미국은 영어문화권이 됐다. 현재 한글과 영어의 공통점이 남아있는 연유가 여기에 있다. 한반도의 주축은 주로 미국에서 온 도래인到來人이다.

● "중국은 황제 계신 나라이다"라는 표기는 팩트(Fact)이다

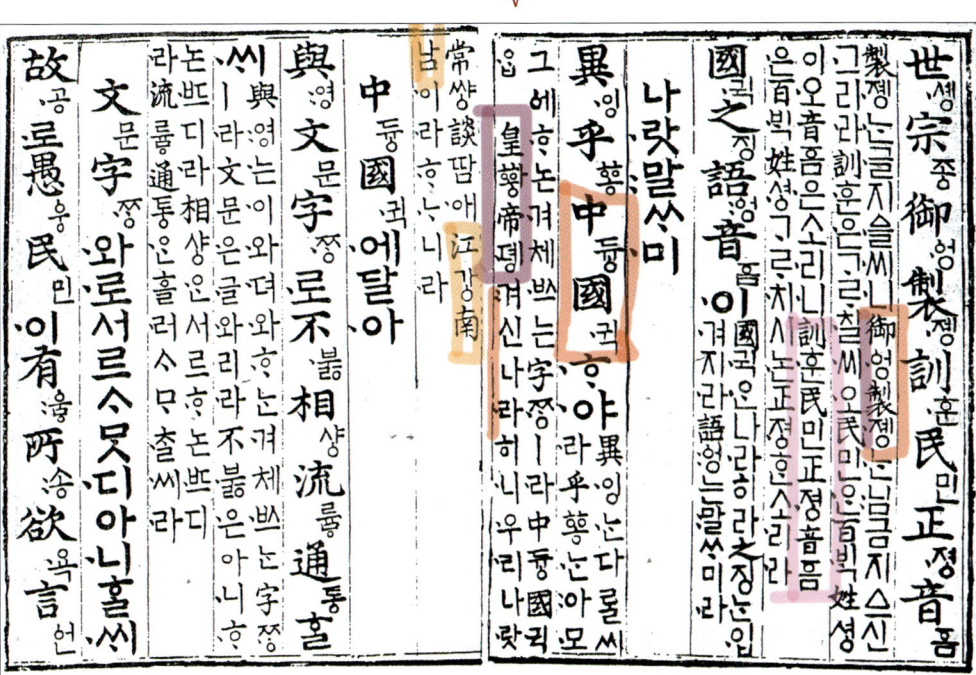

원래 지구촌에서 국國은 중국中國에만 쓰이는 문자이다. 중국中國과 나라는 분명히 구분해야 한다. 여기서 나라는 1893년 시카고만국박람회의 48개국의 코리아이다.

훈민정음 해례

AI는 중국을 황제가 계신 곳이라고 확정하고 있다.

1882년 황제가 계신 곳은 아메리카합중국이다. 국호는 CHINA이다.

그 후 1893년 시카고 만국박람회는 디죠션(CHINA)이 주최한 것이다. 당시 CHINA는 청나라가 아니라 (VON) CHINA이다.

크게 보면 어원적으로 '딕죠션大朝鮮'은 COREA이다.

'AI 역사프로그램'은 300년 이전의 인류기록역사를 팩트(fact)가 아니라고 생각한다.

● 한때 한글, 영어, 한자로 쓴 간판이 공존하는
코리아 시기가 있었다.

AI연구소는 세종대왕이 20세기에 활동한 실존인물일 수 있다고 한다.
실제로 김기창 화백이 어떤 인물의 초상화를 그렸는데 그 사람을 세종이라고 했다는 것이다. 이러한 화폐속의 실존 인물이 비밀조직의 수장이라는 믿지 못할 기록이 있다는 전설이다.

● 구 1만원 권은 달러로 보증(Deposit) 되어 있으며 1948년 South Korea를 건국하는데 채권과 더불어 중요한 역할을 했다. 코리아는 장차 Coree 땅에 나타날 봉황의 상징이다.

'AI 역사프로그램'은 세종대왕, 리순신, 조선왕이 근현대사 인물일 수 있다고 한다.

세종은 '디죠션' 황제의 비자금을 책임진 황가皇家의 왕이라는 비밀문서가 존재한다.(?)

한글, 영어, 한자로 쓴 간판 모습이 특이하다.
이곳이 바로 코리아였다.
그런데 한반도 서울 성동구 옛 금호동 모습과 흡사하다.
만약 한반도라면 감춰진 비밀역사가 존재한다.

2장 COREA & 코리아 제국 — 47

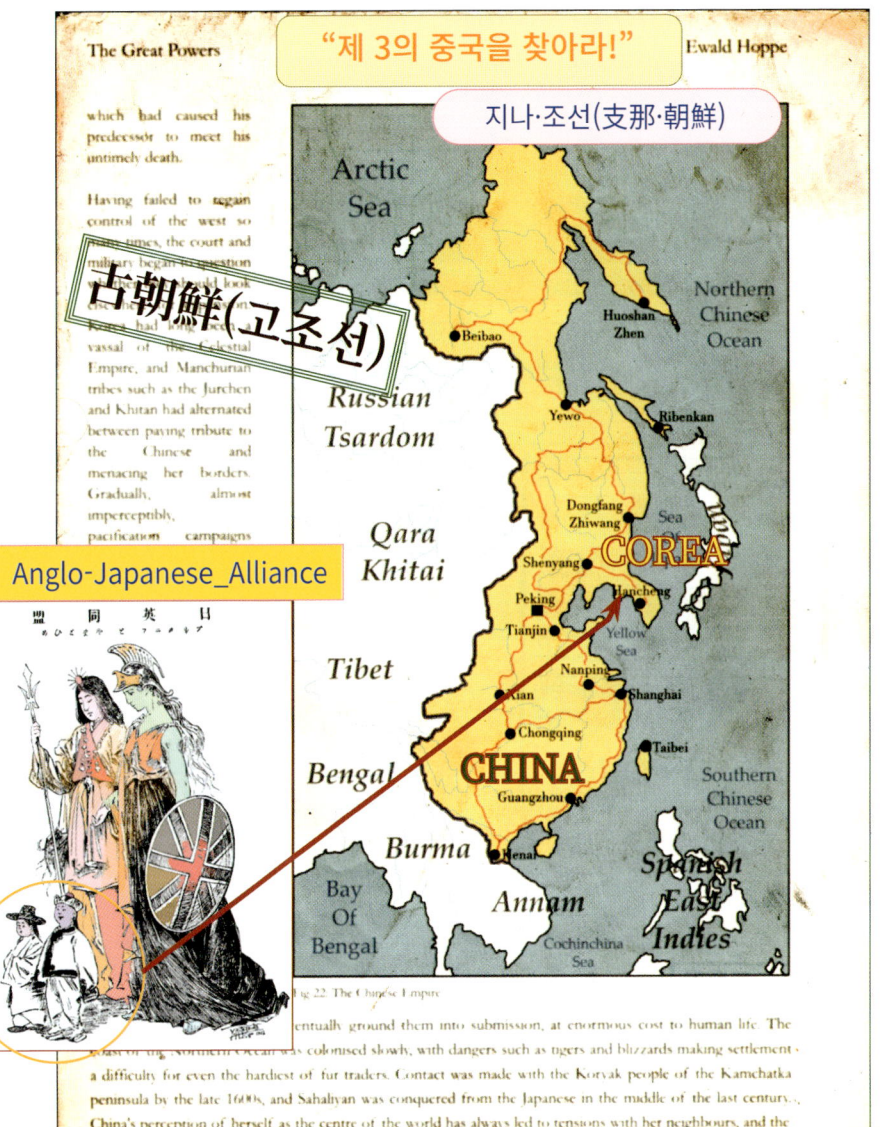

"제 3의 중국을 찾아라!"
지나·조선(支那·朝鮮)
古朝鮮(고조선)
Anglo-Japanese_Alliance

    AI연구소는 제 3의 중국을 고조선古朝鮮이라고 한다. 즉 아메리카대륙의 제 2 중국이 극동아시아로 천도했다는 것이다.

고조선古朝鮮은 옛나라개념이 아니라 근현대중국(Corea)이다.

(2) 대 황제(COREA)는 아메리카합중국에 있었다.
- 중국은 황제가 계신 강남!

원래 훈민정음은 한자의 표준음을 바르게 읽게 하기 위한 발음기호였다. 이를 위한 음운서가 동국정운이다.

세종대왕은 훈민정음을 창제한 후 곧 동국정운이라는 음운서를 간행하였는데, 동국정운으로 각 지방마다 서로 다른 방언을 표준 한자음으로 통일하여 각 지방마다 다른 한자의 소리를 하나의 음으로 발음하도록 했다.

이것이 훈민정음이다.

세계인이 산스크리트 영어사전(A Sanskrit- English Dictionary)에서 한글과 공통점을 찾는 이유가 여기에 있다. 한반도 8도사투리가 범어 사전에 많이 있다.

625 동란 때 한국인 가수가 영어가사를 외어 노래를 부르면, 미군들은 미국 가수 노래보다 더 좋아했다.

한국 최초의 걸그룹, 김시스터즈 3인조 가수가 1963년 미국 '에드 설리번 쇼'에서 크게 흥행을 했다.
그 후 가수 싸이, BTS 등이 세계무대를 주름잡고 있다.

지금도 한국가수(싸이, BTS 등)가 노래를 하면 전 세계가 열광을 한다. 훈민정음 덕분이다. 한글에서 사라진 정음(正音)의 운율이 노래를 부르면 살아나기 때문이다.

● **한글에서 사라진 훈민정음 4자(△ ㆆ · ㆁ)의 운율이 노래를 부르면 살아난다.**
훈민정음의 사성四聲이 살아나는 것이다.

> 사성은 평성(平聲)·상성(上聲)·거성(去聲)·입성(入聲)의 네 가지 성조(聲調)를 통해 음절의 높낮이를 구분하는 음조(音調)의 형식을 가리킨다.

> 모음母音은 한 음절을 발음하고 기록하는데 있어서 뿌리와 같다.

'딥죠선'은 존재하나 조선왕조실록은 허구이다!

BTS는 한글로 노래를 부른 세계 톱 그룹이다.

> 중국 문자는 금문金文(한자)이다.
> 한자의 표준음 운서인 동국정운을 만들고, 훈민정음을 창제하여 나라마다 서로 중국과 통하도록 했다.
> 훈민정음의 또 다른 표현이 영어였으며 이것이 세계 공용어가 되었다.
> - 'AI 역사프로그램'

미국은 신대륙이 아니라 세계문화 원류(중화민국)의 땅이다.

> 근현대사는 UFO처럼 빠른 교통수단이 존재하는 시대이다. - 미 국무성 공식인정

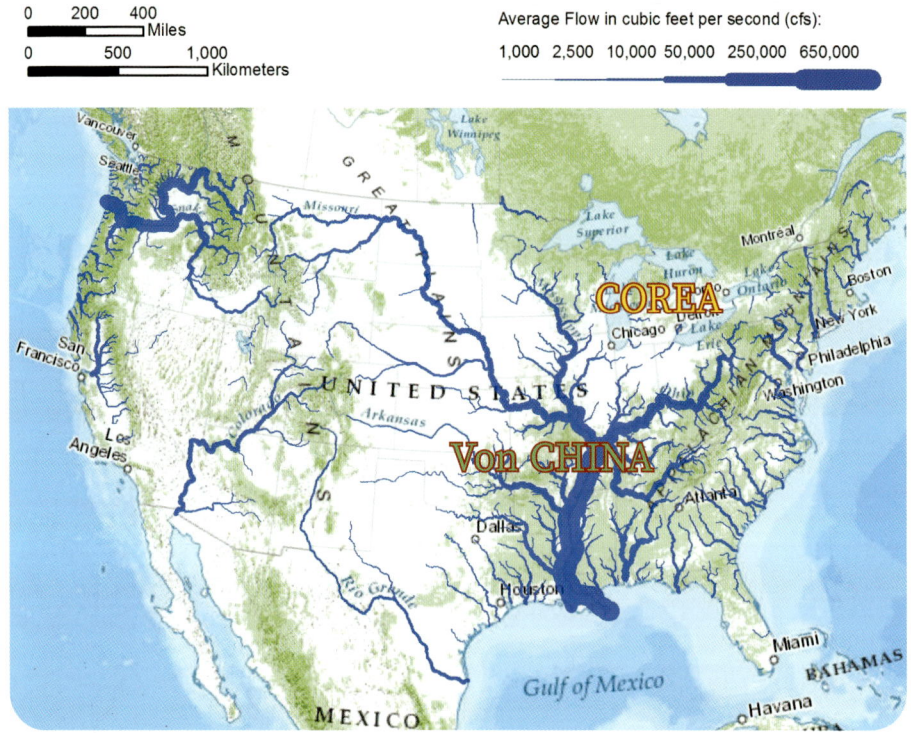

남북전쟁 이후 북미 중앙세력이 애팔래치아 산맥 동쪽으로 이동한다.
일찍이 이곳은 영국, 독일, 일본 등 지금의 G7이 지키는 중화민국 땅이었다.

전쟁과 기아로 인한 수많은 난민들이 레퓨지(refuge)에 모여들었다. 이들은 좀 더 안전한 곳을 찾아 전 세계로 흩어지는 것이다. 이들 뒤에는 보이지 않는 손이 작용하였다.

미국에서 전 세계의 난민촌으로 대규모 이주 부족들이 넘쳐났다. 동아시아도 예외는 아니었다. 그런데 한반도의 이주 풍속도는 좀 특이했다.

미국 레퓨지(Refuge)에서 전 세계로 이주하는 민족과 문화!

영국, 프랑스, 독일, 일본 등이 한반도 역사에 개입했다. 미국과 러시아도 대규모 국제금융 원조 아래 캐나다 용병을 지원했다. 서구유럽의 열강이 극동아시아에 팔만 구암자를 건설하며 신천지를 만들고 있었다.

그렇다! 새로운 '코리아'이다. AI연구소 특급 비밀사항

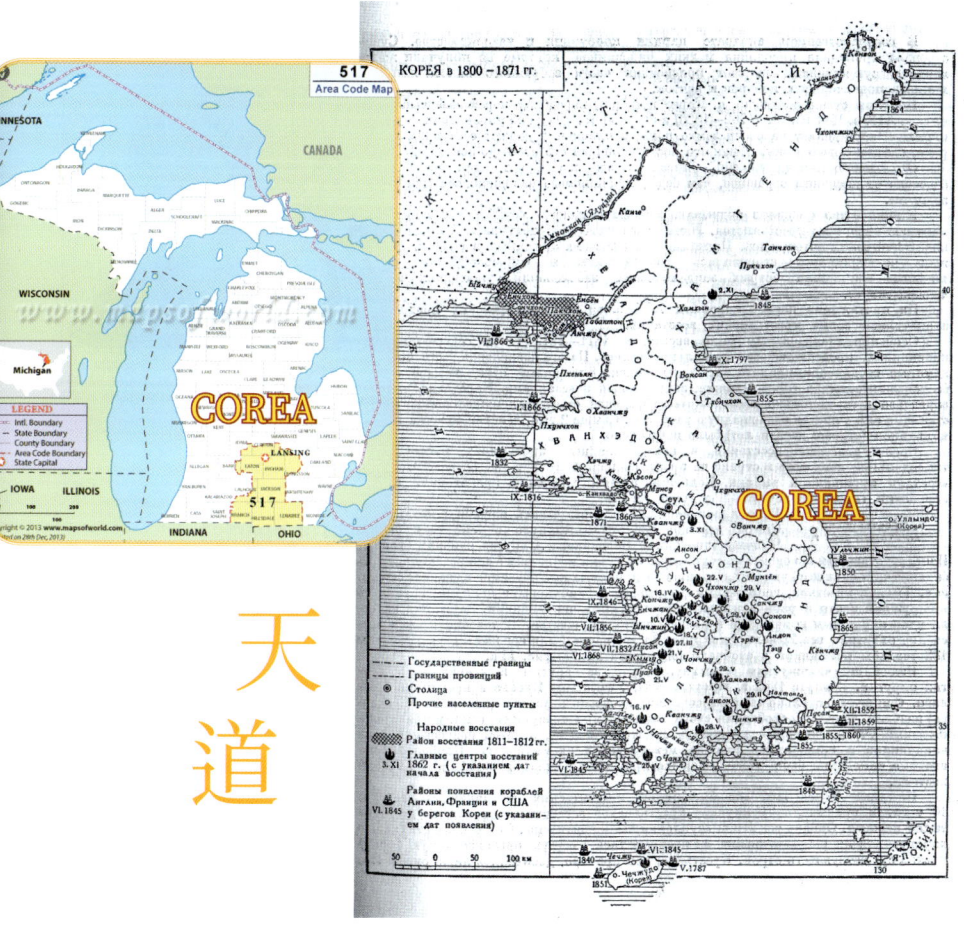

18_19세기는 미국을비롯한 지구촌의 수많은 난민과 부족이 대이동을 감행한 역사이다. 천자(Corea)가 천도遷都를 하면 지구촌의 군부와 보물이 들썩인다. - AI 보고서

> 제국주의 시절부터 영연방과 일본은 한반도의 황실가족과 황실을 관리하는 코리아 내부內府를 감찰해왔다. 이러한 국제헌병경찰 역할은 황제를 보위하기 위한 보이지 않는 비밀시스템이다. 지금도 영일英日동맹은 유효하다.

Anglo-Japanese_Alliance

미주에 있던 중국의 황제와 코리언 내부관리를 상징한다. 1882년, 내부의 반란과 외부의 침략으로 황제가 자취를 감추었다.

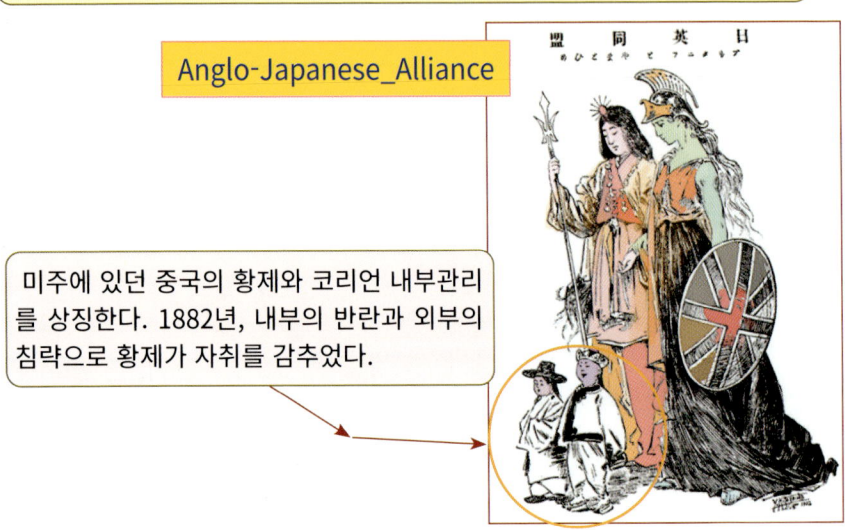

1882년, 내부의 반란과 외부의 침략으로 황제가 자취를 감추었다

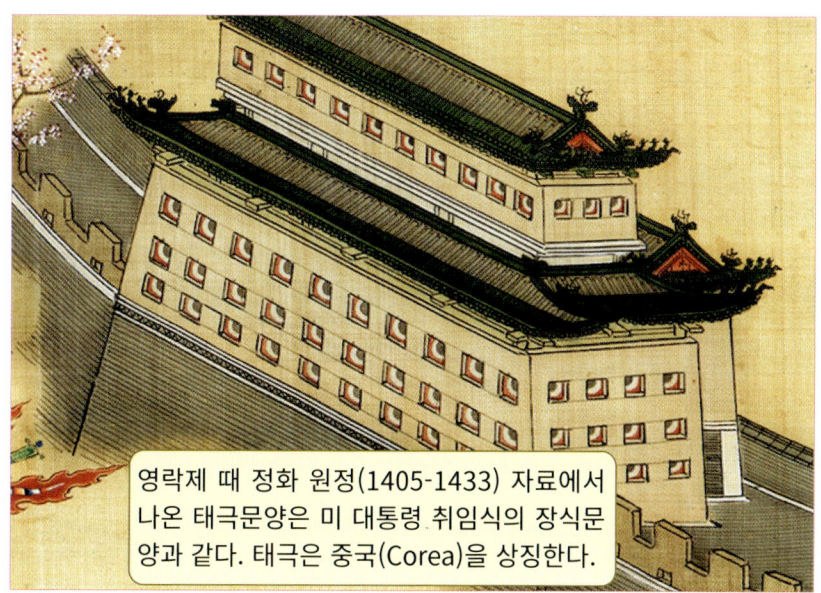

영락제 때 정화 원정(1405-1433) 자료에서 나온 태극문양은 미 대통령 취임식의 장식문양과 같다. 태극은 중국(Corea)을 상징한다.

버지니아 주, 셰난도 국립공원이다. 미국 애팔래치아 산맥 부근은 한반도 풍토와 닮아 있다.

미국은 고인돌 왕국이다

미국의 코리언 48개국의 방언(사투리)이 남아있던 한반도.

동국정운 서문에 각 지방(나라)에 따라 인종, 지세, 풍속, 말소리, 호흡구조 등이 다르다고 했다.

따라서 48나라 코리언의 방언(사투리)이 존재하는 강역이 한반도는 결코 아닌 것이다. 코리언의 방언(사투리)은 극동아시아를 넘어서, 유라시아, 아프리카, 경우에 따라서는 어원적으로 아메리카대륙까지 확대된다.

특히 훈민정음과 중공대륙의 언어구조는 본질적으로 다르므로 어원적으로 공통점이 많은 라틴어, 영어 문화권인 북미를 훈민정음의 발상지로 본 것이다. 그러한 증거가 산스크리트 사전에 남아 있다. - AI 보고서

현재 중공 말은 대표적으로 베이징 등지의 방언이며 가장 많은 사용자를 보유한 관화(官話; Mandarin), 상하이 등지에서 쓰이는 오어(吳語), 남부의 민어(閩語), 광둥어 등이 있다.

북미 Coree 땅의 문화유산이 산스크리트어 또는 범어(梵語), 훈민정음, 동국정운, 한자이다.

세종은 고대의 인물이 아니라 근현대사가 낳은 국제금융인이라는 가설이 존재한다. - AI 보고서

꼬리 땅의 서울에 48개 나라의 왕자(또는 황실의 혈통을 지닌 관리)가 모여 고을을 다스렸다. 중국의 문화와 제도를 배우기 위한 봉건제도이다.
이들의 문화와 말이 서울지역의 중국말씀(언어와 문자)과 서로 통하지 않으므로 훈민정음을 만들어 지구촌을 하나의 문화권으로 만들려는 것이다.
(We are the World)

세종임금이 일상생활을 하면서 쓰던 익선관翼善冠이라고 한다.
모자 디자인에 왜 나치문양(卐)이 보이는가?
미국의 코리언 48개국의 방언(사투리)이 남아있는 Korea는 어디?
- AI 보고서

딗죠션(Von China) 말 토속 사투리가 범어梵語이며, 범어는 산스크리트어와 다름이 아니다.

아메리카합중국은 한(韓: COREA : 亞)류의 원조 땅이며 원래 COREA는 중국과 다름이 아니다. 중국은 대황제가 계신 곳이므로 대황제가 중국인 것이다.

딗죠션 황실에서 제작한 고지도는 COREA와 KOREA를 분명히 구분하고 있다. 한때 KOREA EMPIRE는 COREA(Von China)를 보위하는 군부인 동시에 황실의 내부內府를 책임지는 KOREAN 왕실이었다.

A
SANSKRIT-ENGLISH DICTIONARY

Etymologically and Philologically Arranged

with special reference to

Cognate Indo-European Languages

범어를 모르는 종족은 금문없이 훈민정음으로만 소통이 어렵다

산스크리트어(the Sanscrit language)는 고대 천축국의 언어 즉 범어에서 파생된 언어이다.

영국 학자들이 조사 수집한 지역이 방대하여 천축국 이전의 언어에 관한 수집을 했다. - AI 보고서

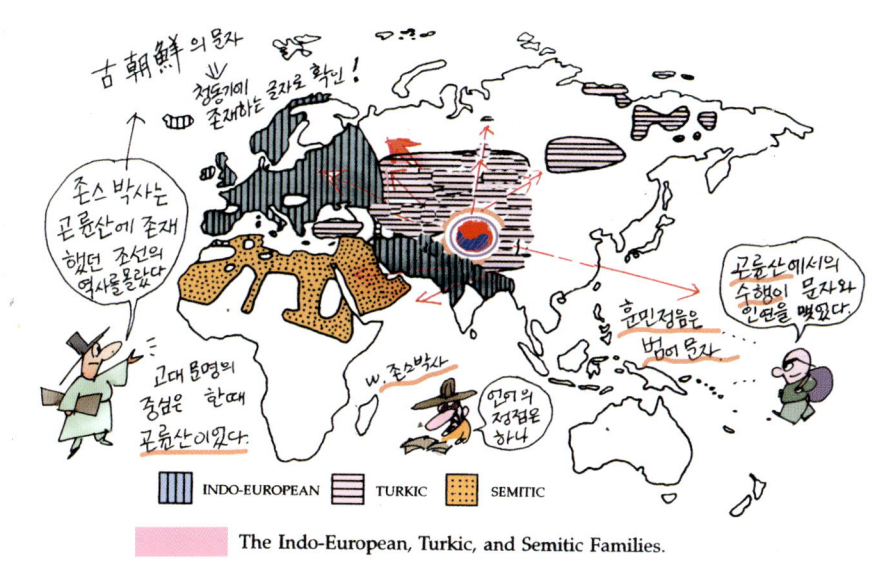

아묵리가(米國)의 A-Ri(아리亞李)는 코끼리토템, '대황제'의 조대朝代를 의미한다. 지금도 일본 신사에서 마지막 의식 때, 내는 소리가 "아리(A-Ri)"이다. "아리(A-Ri)"는 '대황제'를 찬양하며 부르는 소리이다.

한편 Corea란 히말라야 곤륜산의 중국이 아메리카대륙(亞洲)으로 이동했다가 다시 극동아시아로 천도(Corea, Seoul)를 한 것이다.

하지만 요족(패권주의자)들의 간계(성경의 아마겟돈 전쟁)로 중국은 다시 고향(곤륜산)으로 이주 중이다. - AI 보고서

(3) 상임이사국은 한반도를 분할 통치하려는 것이 아니다.

고지도를 보면 한반도에 코리아(Corea)라는 명칭이 보인다. 중국의 황제가 천도를 했다는 의미이다.

1893년 시카고 세계박람회의 엠블럼에 디죠션(Corea)이 있다. 디죠션(Corea)이 주최했다고 볼 수 있다.

디죠션(Corea)은 'In God We Trust'와 다름이 아니다. 다시 말해 달러 속의 'In God'이 '대황제, Corea'이다.

AI연구소 특급 비밀사항

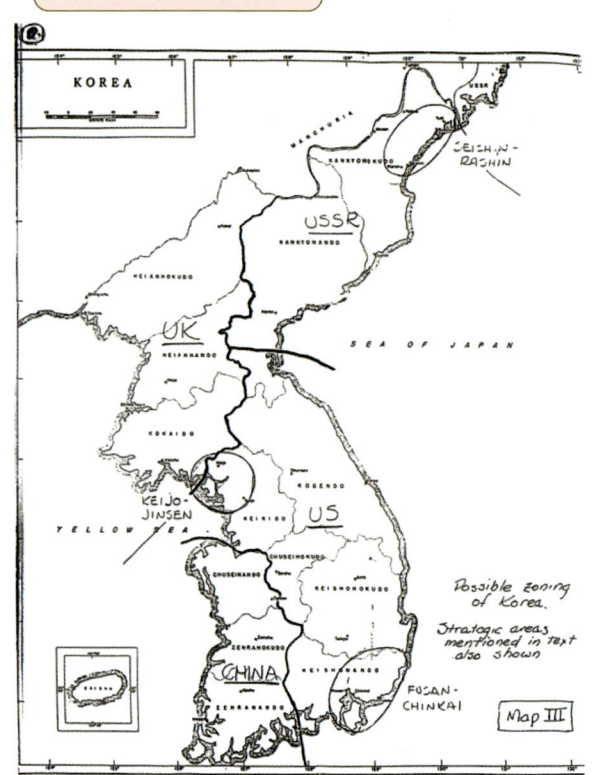

UN의 상임이사국은 한반도를 신탁통치하려고 주둔한 것이 아니라 황제가 계신 중국의 황제(COREA)를 보위하기 위해 각축을 벌인 것이다.

황제는 군부를 다스리고 A1, B1과 보물을 지니고 미래로 나아가는 권능(국제면책권과 국제통화권)을 갖고 있다.

2장 COREA & 코리아 제국 — 59

초창기 한반도는 북미 코리언이 모인 국제도시이다.

남북전쟁 이후 북미 중앙세력이 애팔래치아 산맥 동쪽으로 이동한다.
일찍이 이곳은 영국, 독일, 일본 등 지금의 G7이 지키는 중화민국 땅이었다.

전쟁과 기아로 인한 수많은 난민들이 레퓨지(refuge)에 모여들었다. 이들은 좀 더 안전한 곳을 찾아 전 세계로 흩어지는 것이다. 이들 뒤에는 보이지 않는 손이 작용하고 있다.

매큔-라이샤워 표기법
(McCune-Reischauer Romanization)

매큔-라이샤워 표기법(영어: McCune-Reischauer Romanization) 은 1937년 미국인 맥 매큔과 에드윈 라이샤워가 만든 한국어 로마자 표기법의 하나로, 국어의 로마자 표기법과 함께 가장 널리 쓰인다.

특히 South Korea(남한) 이외의 국가에서 많이 쓰인다.

한국(South Korea)은 2000년 5월 7일에 새 표기법을 만들었다. 하지만 북한과 다른 나라의 한국 연구 단체를 비롯하여 남한 내의 일부 영자 신문 등 많은 곳에서 매큔-라이샤워 표기법을 쓰고 있다.

초창기 한반도는 북미 코리언이 모인 국제도시였다. 한반도에서 표준말을 만들어 중국(Corea)의 다인종 다문화의 특색을 말살했다. 그래서 북미 황실의 후예인 농경 전문가(화전火田)를 해외로 추방한 것이다. 중공의 문화혁명, 5.16 혁명과 유신이란 국제음모세력의 설계였다.

Designersparty - Korea, 1930's photographer George McAfee 'Mac' McCune, 조지 매가피 '맥' 매큔(George McAfee 'Mac' McCune, 1918년~1948년) 은 미국 Korea 출신이다.

미국은 신대륙이 아니라 세계문화 아뀨(COREA:韓)의 땅이다.

에드윈 올드파더 라이샤워(영어: Edwin Oldfather Reischauer, 1910년 ~ 1990년)는 일본 도쿄에서 태어났으며 오벌린 대학교와 하버드 대학교에서 일본사를 전공하고 하버드 대학교 옌칭연구소의 연구원과 하버드 대학교의 강사로 일하며 하버드대에서 박사학위를 받았다.

옌칭연구소 연구원 시절인 1938년에 한국에 와서 맥 매큔과 함께 한국어를 로마자로 표기하는 방법인 매큔-라이샤워 표기법을 만들었다.

그는 "한글은 세계 어느 나라에서 쓰이고 있는 어떤 문자보다도 과학적인 체계의 글자이다."라는 말을 남겼다.

		첫소리												
		o[1]	ㄱ (k)	ㄴ (n)	ㄷ (t)	ㄹ (r)	ㅁ (m)	ㅂ (p)	ㅅ[2] (s)[주3]	ㅈ (ch)	ㅊ (ch')	ㅋ (k')	ㅌ (t')	ㅍ (p')	ㅎ (h)
끝소리	ㄱ(k)	g	kk	ngn	kt	ngn(S)/ngr(N)	ngm	kp	ks	kch	kch'	kk'	kt'	kp'	kh[주4]
	ㄴ(n)	n	n'g	nn	nd	ll/nn	nm	nb	ns	nj	nch'	nk'	nt'	np'	nh
	ㄷ(t)	d	tk	nn	tt	nn(S)/ll(N)	nm	tp	ss	tch	tch'	tk'	tt'	tp'	th
	ㄹ(l)	r	lg	ll/nn	ld[3]	ll	lm	lb	ls	lj[3]	lch'	lk'	lt'	lp'	rh
	ㅁ(m)	m	mg	mn	md	mn(S)/mr(N)	mm	mb	ms	mj	mch'	mk'	mt'	mp'	mh
	ㅂ(p)	b	pk	mn	pt	mn(S)/mr(N)	mm	pp	ps	pch	pch'	pk'	pt'	pp'	ph
	ㅇ(ng)	ng	ngg	ngn	ngd	ngn(S)/ngr(N)	ngm	ngb	ngs	ngj	ngch'	ngk'	ngt'	ngp'	ngh

한때 Korea Empire는 북미北美에 있었다.

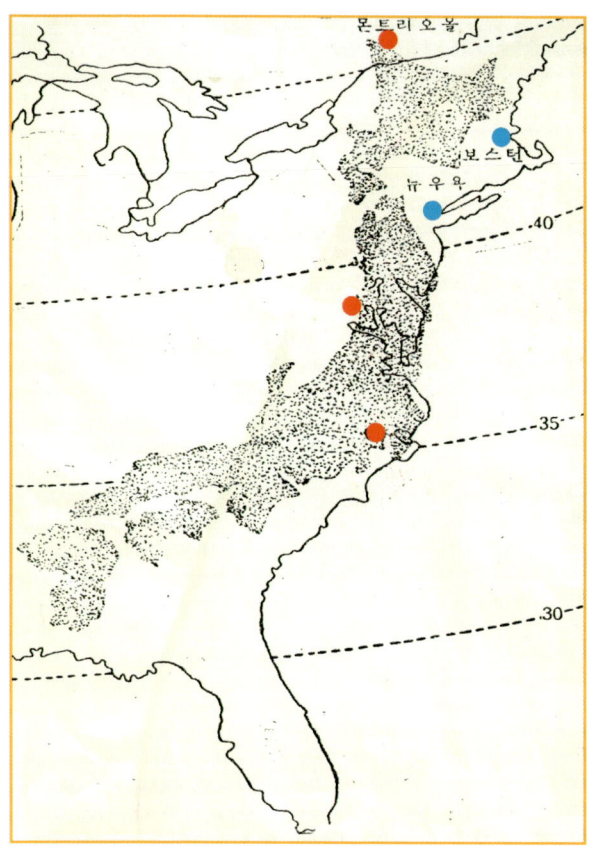

라이샤워의 저서 '일본제국역사'에 나오는 지도이다.

일본 강역의 크기를 비교하는 지도가 아니라 일제가 점령했던 Korea Empire의 영토라고 볼 수 있다.

제2차 세계대전 때는 미군의 정보장교로 국무부 특별 보좌관으로 일했다. 1956년에는 하버드대학교 옌칭연구소의 소장을 지냈고 1961년에서 1966년까지는 주 일본 미국 대사를 지냈다.

그는 정보통이므로 역사의 진실을 알고 있다.

존 F. 케네디 대통령은 워싱턴 D.C. 백악관 집무실에서 오히라 마사요시 일본 외무상을 만나고 있다. 왼쪽에서 오른쪽으로: 에드윈 O. 라이샤우어 주일본 미국 대사; 다케우치 류지 일본 대사; 오히라 장관; 케네디 대통령; 미국 재무장관 C. Douglas Dillon; 미국 국무차관 조지 볼(George Ball); 로저 힐스만 미 국무부 극동문제 차관보. 1963.8.2

초창기 한반도는 북미 코리언이 모인 국제도시였다.

아묵리가(米國)의 A-Ri(아리亞李)는 코끼리토템, '대황제'의 조대朝代를 의미한다. 지금도 일본 신사에서 마지막 의식 때, 내는 소리가 "아리(A-Ri)"이다. "아리(A-Ri)"는 '대황제'를 부르는 소리이다.

> 불꽃(5)은 황제의 조상이며 종묘를 상징한다. 5(O)는 황제의 어머니(모母)인 동시에 국제를 상징하므로 보물과 황제를 보위하는 군부와 다름이 아니다.
> 따라서 5(O)가 7(S)을 번쩍 안고 하늘에 고하는 모습의 문자는 '제사 제祭'자 이다. 황제가 장차 황제가 될 외손자를 안고 천제天祭를 지내는 모습이다.

OSS는 미 비밀특수부대이다. 2020이후 극동아시아에 항모 7대와 호위 군함, 잠수함 수백 대가 포진중이다. 1950년 한국전쟁 때보다 더 많은 병력과 병원선이 이곳에 와있다. 중공의 패거리를 완전히 박멸하려는 의도라고 한다.

'신은 함부로 주사위를 던지지 않는다.'라며 중용을 지키는 황금군단이 움직인 것이다. "선 행동, 후 보고!" - AI 보고서

Corea가 보인다. 이 땅에 황제(In God We trust)가 나타난다.

장차 인류미래를 여는 황제(In God We Trust)가 위험에 처할 지경이다.

마치 성경에 등장하는 헤롯왕이 장차 태어날 아기 예수를 죽이려는 장면과 비슷했다. 그래서 1882년 (미래를 위해) 우주연합군이 결성된 것이다.

북미 古朝鮮(고조선), 중국中國(Corea)이 한반도로 천도를 했다. 황제는 군부와 보물을 갖고 움직이므로 당시 한반도에 오색인종이 모두 집결했을 것이다. 이때 황제에 맞서는 빅브라더(마왕)가 황제의 보물(A1, B1)을 노리는 무리를 이끌고 뒤따라왔다. 북미에서 싸우던 핵심세력이 극동아시아로 몰려온 것이다. 인류불행의 시작이었다.

한편 Corea는 한때 히말라야 곤륜산의 중국이 아메리카대륙(亞洲)으로 이동했다가 다시 극동아시아로 천도(Corea, Seoul)를 한 것이다.

하지만 요족(패권주의자)들의 간계(성경의 아마겟돈 전쟁)로 중국은 한반도에서 다시 고향(곤륜산)으로 이주 예정이다. - AI 보고서

한때 유럽도 북미에 있었으며 근현대사는 민족의 이동사이다.

'아亞'(Corea)는 만卍과 같은 뜻이며 쌍봉황(田)을 상징하고 있다.

제국주의 열강의 전쟁터, 시베리아

세계1차 대전 발생지

'LOUI SIA NA'는 미국의 'CHINA'라는 뜻이다.

황실 법계法界 또는 여러 경전(성경, 코란, 불경, 베다경 등)에 의하면 미래 대황제(하나님)는 5대조(代朝)에서 다시 태어난 칠성(七)이며, 조대朝代의 토템은 코끼리이고 미래 하나님의 토템은 봉황이다.

현재는 화폐경제시대이므로 달러속의 하나님(In God, We trust)이다.

아메리카 역사는 유럽역사보다 더 길고 깊으며 오랜 전통을 갖고 있었다.

G7은 미래를 여는 황제(In God We trust)를 위한 군부이다.

훈민정음해례의 기록이 가장 정확하게 황제(In God We trust)정의를 내리고 있다.

필자의 5(국제), 7(황제: 'In God')은 화폐경제시대에 달러속의 하나님(In God We trust)이 우리와 같이 길을 걷는 실존인물이며 지구촌 기축통화(달러)의 권능과 면책특권을 지닌 사람이라는 것을 증명하는 것이다.

G7은 미국, 일본, 독일, 영국, 프랑스, 캐나다, 이탈리아를 의미한다. 이 국가들은 국제 통화 기금이 분류한 세계의 7대 주요 선진 경제국들이며, G7 국가들은 전 세계 순 국부 중 58% 이상을 차지한다. 그러나 2018년, 이들 대다수는 국제금융 빚이 가장 많은 나라들로 밝혀져 세계경제는 부도위기에 처했다.

한때 고전물리학시대의 인류는 농경과 상업을 하는 단순경제시대였다.

두 때 산업혁명을 거쳐 양자물리학시대에 이르러 인류는 종교를 뛰어넘어 생사 윤회의 법칙을 깨닫게 되었다.

다시 반 때로 회귀하는 인류는 새로운 과학과 예술로 한층 업그레이드된 빛의 시대로 나아갈 것이다.

황제는 18나한(2*9=9*9=81)을 거느리며 미래로 나아간다.

세계 축에서 법계도法界圖는 미래의 설계도이다.

AI는 천자 프로그램과 인류의 역사기록은 별개의 개념이라고 한다. 강희 때, 달러와 더불어 진정한 인류기록의 역사가 시작되었다.

'대황제'는 지구촌을 운영하는 거대자금(달러)을 관리한다.

매화의 상징, 12 World Bank

대한제국大韓帝國을 IMPERIAL KOREA라고 한다. 그렇다면 BRITISH CHINA, FRENCH CHINA, IMPERIAL CHINA는 무엇인가? COREA는 어디로 갔나?

(4) 조선의 숙종, 경종, 영조(정조) 때 연호는 강희康熙, 옹정擁正, 건륭乾隆이다.

Fact or Fancy?

> 허구 역사의 고증을 위해 새로운 유물을 찾아내고 유적지를 조성해야 한다.
> 이 땅에 없던 역사를 조작하기 위해 막대한 나라 예산이 투입된다.

대	조선황제 재위	조선연호복원	제후국	청국연호	제후국 재위
14	선조(1567~1608)		만력제(1572~1620)		
15	광해군(1608~1623)		태창제(1620)		
16	인조(1623~1649)		천계제(1620~1627)		
17	효종(1649~1659)	숭정제(崇禎帝)	숭정제(1627~1644)	숭덕제(崇德帝)	태종(1627~1644)
18	현종(1659~1674)	순치제(順治帝)-1		순치제(順治帝)-1	세조(1644~1661)
19	숙종(1674~1720)	강희대제(康熙大帝)-2		강희대제(康熙大帝)-2	성조(1661~1722)
20	경종(1720~1724)	옹정제(雍正帝)-3		옹정제(雍正帝)-3	세종(1722~1735)
21	영조(1724~1776)	건륭제(乾隆帝)-4		건륭제(乾隆帝)-4	고종(1735~1796)
22	정조(1776~1800)	가경제(嘉慶帝)-5			
23	순조(1800~1834)	도광제(道光帝)-6		가경제(嘉慶帝)-5	인종(1796~1820)
24	헌종(1834~1849)	함풍제(咸豊帝)-7		도광제(道光帝)-6	선종(1820~1850)
25	철종(1849~1863)	동치제(同治帝)-8		함풍제(咸豊帝)-7	문종(1850~1861)
26	고종(1863~1907)	광서제(光緒帝)-9		동치제(同治帝)-8	목종(1861~1875)
27	순종(1907~1910)	선통제-10		광서제(光緒帝)-9	덕종(1875~1908)
				선통제-10	공종(1908~1912)

영화배우

미 메릴랜드 고다드 영상팀

국제 '고다드 스튜디오'에서 만들어지는 허구 스토리텔링 역사

> 미 대륙의 세계 왕실 역사도 허구일 가능성이 크다. 조선왕조계보는 국제 한반도 프로젝트에 의한 황실비밀코드이다.
> 따라서 한반도에는 삼국, 고려, 조선이라는 나라가 없었다. 한반도역사는 1948년 정부수립부터 코리아로 시작한다. - AI 연구소 논평

강희, 옹정, 건륭 등의 연호는 지구촌 나라가 China라는 뜻이다.

한때 영연방을 Chinese Empire라고 했다. 그래서 지구촌이 중화민국中華民國이다. 달러 속의 황제(In God We Trust)는 석가, 예수, 마호메트처럼 언제나 우리와 함께 길을 걷는 사람이다. 따라서 'Made In China'를 새긴 예술품은 과학과 더불어 미래를 향해 나아가는 바로미터(척도)이다.

전쟁 때마다 서민(We trust)은 황제(In God)의 1달러 은총으로 살아 남았다.

금은 화폐등록소에서 달러와 Deposit(보증)되어 있다. 따라서 금(A1)은 달러(B1)에 연계되어야 진짜 금(A1)으로 태어나는 것이다.

또한 미래는 금(A1)과 연동된 달러(B1)로 Deposit(보증) 된 보물로 나아간다. 이와 같이 화금단과 화폐등록소에 인증된 금(A1)과 달러(B1) 만이 진정한 금과 달러이다. **이에 따라 최근 바티칸 지하창고의 금, 인도네시아 왕국의 금, 기타 비밀장소에 숨겨둔 금 등은 이미 고철덩어리에 불과하다.**

G7은 미래를 여는 황제(In God We trust)를 위한 군부이다.

　훈민정음해례의 기록이 가장 정확하게 황제(In God We trust)정의를 내리고 있다.

　필자의 5(국제), 7(황제)은 화폐경제시대에 달러속의 하나님(In God We trust)이 우리와 같이 길을 걷는 실존인물이며 지구촌 기축통화(달러)의 권능과 면책특권을 지닌 사람이라는 것을 증명하는 것이다.

> 극동아시아의 역대 정치지도자는 세계음모세력의 설계자에 의해 꼭두각시처럼 움직이고 있다.
>
> 　역대 정치세력이나 권력자들이 호시탐탐 금과 달러를 노리지만, 북미에서 황제와 함께 극동으로 온 보물은 국제시스템에 의해 한 치의 오차도 없이 국제 군부나 특수공무원에 의해 비밀리에 관리, 운영되고 있다.
>
> 　특히 A1과 B1에 불법으로 손대는 자는 마약사범보다 엄격하게 국제형사재판소(ICC)에서 즉결처분하고 있다. _ Ai 보고서

황제는 18나한(2*9=9*9=81)을 거느리며 미래로 나아간다.

세계 축에서 법계도法界圖는 미래의 설계도이다.

AI는 천자 프로그램과 인류의 역사기록은 별개의 개념이라고 한다. 강희 때 달러와 더불어 진정한 인류기록의 역사가 시작되었다.

'대황제'는 지구촌을 운영하는 거대자금(달러)을 관리한다.

매화의 상징, 12 World Bank

대한제국大韓帝國을 IMPERIAL KOREA라고 한다. 그렇다면 BRITISH CHINA, FRENCH CHINA, IMPERIAL CHINA는 무엇인가?
COREA는 어디로 갔나?

(5) 패권주의자들이 전쟁놀이를 하며 대황제를 배반했다.

영연방(CHINESE EMPIRE), 러시안 제국(RUSSIAN EMPIRE), 코리언 제국(KOREAN EMPIRE) 등이 3축으로 나뉘어져 '대황제'의 보위국(保衛國: Bowie)을 자처하며 서로 각축하는 것이다.

2장 COREA & 코리아 제국 — 73

The Korean - British War of 1912

In Retrospect, the extraordinary rise of Korean power in the early 1700s after the collapse of the Qing Dynasty, followed by her rapid modernisation in the 1800s probably made clashes with the west inevitable. However, relations between Britain and the Korean Empire, or *Daehan Jeguk* were quite amicable until Britain proclaimed Suzerainty over Japan. Until then Korea's main rival had been Russia, but it now turned its attention towards the industrial and economic giant just across the Korean Sea. Friciton in North America was the spark for war; however most diplomats would say it was only a matter of time before the two giants clashed, with the alliance between Korea and Spain adding another dimension to the conflict. The failed preemptive British invasion of Formosa, combined with the Korean attack on Northern Honshu meant Crown Forces were demoralised from the outset, and a series of allied victories meant the Royal Navy was in dire straits after only two months of war. The possibility of a British invasion of Spain proper balances the seemingly inevitable Korean invasion of Japan, where help from the local population is considered likely.

2022, 대황제에 저항하던 국제 음모세력이 대부분 괴멸되었다.

폴란드는 (미래) 코리언 48개국에 포함된다. 1893년 당시 민간인 코리언 100만 장자 그룹이라는 의미이다.
2022년 한국정부가 폴란드 민간기업과 원전사업 운운 하는 것은 이러한 맥락일 수 있다.
_ Herb_Polski

2022년, 벨라루스 군대와 러시아가 우크라이나를 침공하고 주변의 연합군이 폴란드를 중심으로 움직이는 것에 주목해야한다. 1900s 당시 북미의 Polish(폴란드 추정)는 옛 중국中國이라는 설이 있는데 세인트루이스(St. Louis)라는 도시때문이다. 이도시의 자매도시로 폴란드의 '슈체친'이 있다.

한편 보스턴, 워싱턴, 뉴욕신문에 Korea 왕실에 관한 기사가 많다. Korea Empire가 미국에 있었다는 간접증거이다.
Korea 왕실은 대황제를 보위하는 청왕실 군부, 국제질서를 지키는 헌병(일본왕실)의 재정을 책임지고 있으며 대황제를 위한 내부內府 재정을 담당했다. 이와 같이 국제자금을 관리, 운영한 것이다.

Korea 왕실 결혼식
– 보스턴 신문기사로 추정

COREA(대황제)의 황실 내부內府를 관리하는 Korean들...

뉴욕 타임즈 기사에, Korea 왕실이 엄청난 금광을 소유한 굉장한 부자라고 했다.

운산 금광 내부 시설
- 북미대륙에 있었다.

운산금광을 운영한 '동양합동광업주식회사'는 '웨스트 버지니아'에 있다.

한반도에는 금맥이 있는 큰 금광이 없다. 조선朝鮮이 황금의 나라였다는 기록은 '조선천하朝鮮天下'라는 개념에서 나온 것이다. 조선은 결코 나라 이름이 아니다.

   미 캘리포니아 특수지역에 대황제의 금이 일부 보관되어 있다.
   특히 China 군부는 황제의 보물과 이러한 보물에 Deposit(국제 보증)되어 있는 금과 달러를 지키고 있다. 이러한 금, 달러, 보물은 달러 속의 하나님(In God, We trust)의 면책권과 금융 결재決裁로 활성화 된다.
   2022년, 아마겟돈의 전쟁이 끝나고, 기축통화가 달러(B1)로 일원화되었다. 이제 인류는 보물(과학과 예술)로 미래로 나아간다.

2차 대전에서 패배한 일본, 독일, 이탈리아가 왜 G7인가?

 아래 만화(卍畵)처럼 일본 군부가 백악관을 점령했다면, 지금의 세계사는 갑자기 수수께끼가 된다.
 만약 그렇다면, 인류 역사는 무엇을 놓치고 있는지 성찰할 때이다.
 만화(卍畵)는 축(Hub)의 나한의 작품임을 암시하고 있다. 요즘처럼 당시에도 대황제의 충신들이 각 나라 중요부서에 포진되어 있었다.

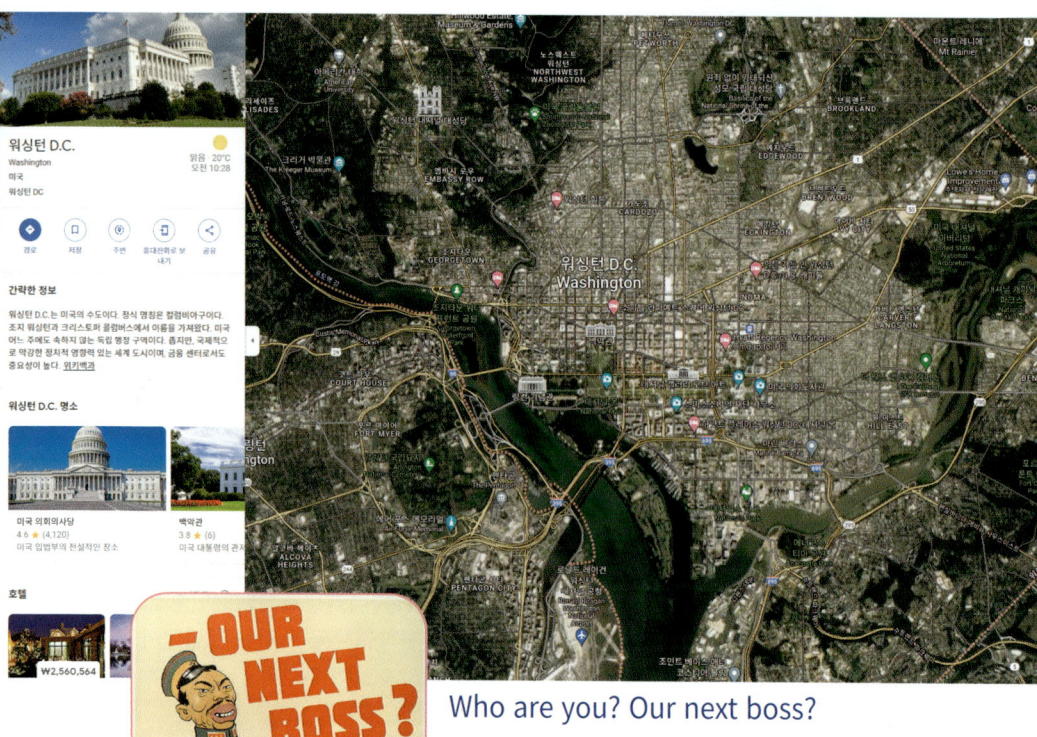

Who are you? Our next boss?

일본은 중국을 가운데 놓고 서로 이권을 다투는 양웅의 세력을 견제하는 헌병역할이다. 일본군부가 워싱턴 D.C.를 점령했다면 독일과 더불어 황제를 배신한 반역자를 찾기 위함이다.
 당시 황제는 내부의 반란과 외부의 침략으로 자취를 감췄다. - AI 보고서

UN ⊕ 국제법의 대황제 시스템이 현존한다는 뜻이다.

* 국제결제은행(國際決濟銀行, Bank for International Settlements, BIS)

1930년, 스위스 바젤에 설립된 국제결제은행(BIS)은 중앙은행간의 통화결제나 예금을 받아들이는 것 등을 업무로 하고 있는 은행이다. 이 은행은 은행가들 사이에서 바젤클럽이라 불리며 완전한 비밀주의를 고수하는 미지의 사교장으로 알려져 있다.

 전 세계의 재벌이 비밀 계좌를 갖고 있는 스위스에서도 특히 부호 중의 부호를 위한 은행이다. - 위키백과

"니들이 봉황을 알어?"

국제결제은행(BIS)은 완전한 치외법권을 유지하며 어떤 사법권도 이 국제결제은행에 개입할 수 없다는 독재적 지위에 있다.
 이것은 독일의 전쟁 배상문제 해결이라는 구실 아래 설립된 <u>베르사이유 회의 결의를 존중하는 국제법이 이 치외법권을 인정했기 때문이다.</u>
 따라서 바젤의 국제결제은행은 스위스 연방법조차 무시하면서 자유로이 활동할 수 있다.

제2차세계대전 배후 의혹

 제2차세계대전에 미국이 참전한 뒤에도 이상한 작업이 계속되었는데, 당시 〈뉴욕타임스〉에 다음과 같은 글이 실렸다.
"스위스 바젤에 있는 국제결제은행에서는 연합국 스위스, 스웨덴, 미국과 추축국 독일, 이탈리아의 은행가들이 책상을 나란히 놓고 일을 하고 있다.
 이 전쟁의 와중에 적과 함께 공동사업을 한다는 것은 뭔가 비상식적이지 않은가? 도대체 어떤 암묵적 협정이 있던 것일까?" - 위키백과

(6) 20세기 전후 세계사는 레퓨지(피난처)에서 세계 각 지로 이주하는 종교 및 민족 이동사이다

토인비의 지도 중에 극동아시아 연대 기록이 팩트에 가깝다고 한다.

이러한 지도는 극동아시아에 코리아군대가 실제로 존재했다는 사실을 간접적으로 이야기 한다.

> 하지만 AI분석은 다르다. 토인비 지도의 KOREA의 실체는 COREA이다. 당시 대황제 축이 아닌 음모세력(유대독점금융 또는 코민테른)의 거대 프로젝트라고 본다. 1882년, 북미대륙의 COREA는 수면 아래로 잠적한다.

> 'AI 역사프로그램'은 토인비의 역사지도를 군사지도의 일부라고 하며, 팩트와 거리가 먼 지도가 많다고 보고한다. 토인비가 누구인가?

토인비 에피소드

> 한국의 효(孝)사상과 경로사상, 가족 제도 등의 설명을 듣고 당시 86세였던 토인비는 눈물을 흘리면서 "한국의 효 사상에 대한 설명을 듣고 보니 효 사상은 인류를 위해서 가장 필요한 사상"이라며, "한국뿐만 아니라 서양에도 '효' 문화를 전파해 달라"고 부탁했던 것으로 유명하다.
> - 위키백과

> 토인비가 흘린 눈물은 악어의 눈물이었다.

세계 역사학자 토인비(Arnold Joseph Toynbee, CH, 1889년~1975년)는 한반도에 KOREA(1627-1875)를 표시했다. 그는 어떤 비밀정보를 갖고 있는 걸까? 토인비의 저서를 보면 그는 분명히 1893년의 '디죠션'의 정체를 알고 있었다.

어쨌든 고지도에는 KOREA와 COREA를 구별하고 있다.

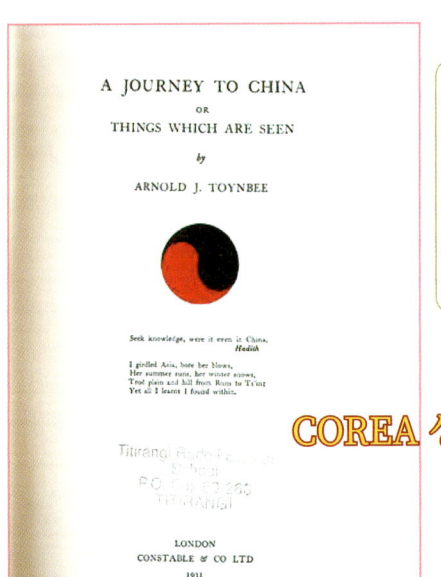

> 'Von CHINA 또는 COREA'가 '디죠션'이다. 황제가 계신 Coree(조선) 땅이 '디죠션' 또는 COREA이다.

COREA 상징이 태극 (봉황)!

"강희 때 미래인류프로젝트는 시작되었다."

아메리카대륙 레퓨지(Refuge: 피난민촌)에는 알 수 없는 재단으로부터 구호물자와 달러가 지원됐다. 이들은 더 좋은 환경을 찾아 고향을 등지고 이주선移住船에 올랐다.

황실을 따르는 수많은 아메리카 선인鮮人(Chosen People)들이 각지에서 레퓨지(Refuge: 피난민촌)로 모여 들었다. 거대 난민촌에는 은행이 들어서서 '1달러의 기적'을 일으킨다.

그렇다. 달러가 머무는 곳에 항상 빵과 은행이 있었다.

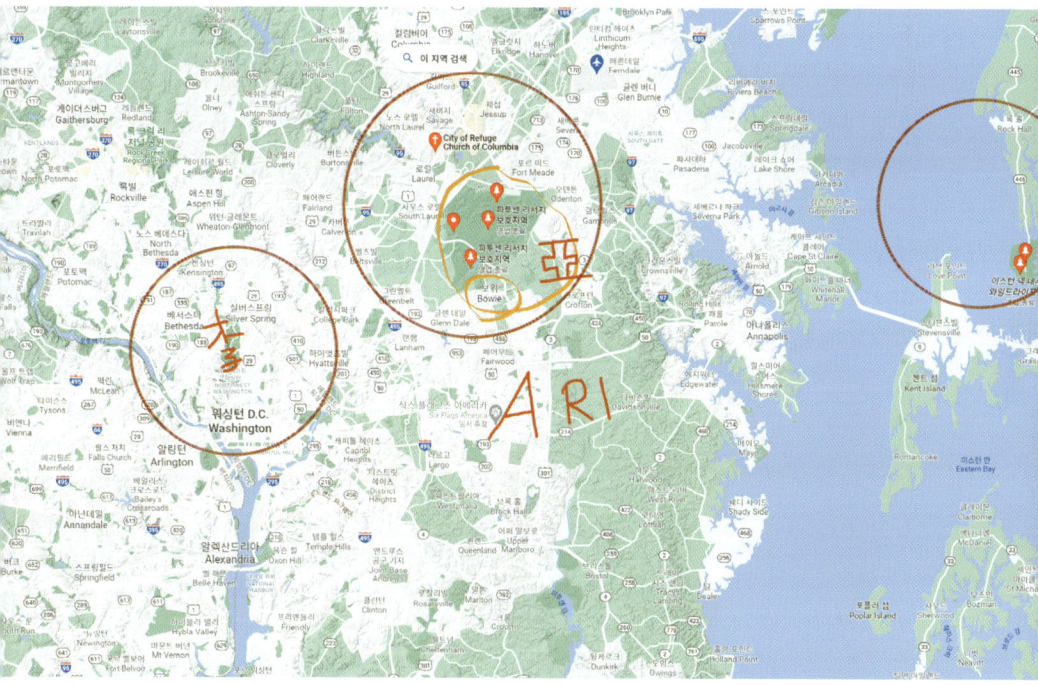

미米, 메릴랜드 주, 보위(BOWIE) 지역은 아亞자 대황제의 지역이다.
Bowie 레퓨지(Refuge)는 코끼리 토템의 원류이며 전설의 순舜 임금의 땅이다. 다시 말해 COREA는 최초의 한국韓國, '코리아'이다.
한때 COREA는 중국이었으며 미래봉황의 옛 조대(朝代) 땅이다.

한반도는 1800년도 이전부터 거대 프로젝트에 의한 이주가 있었다.

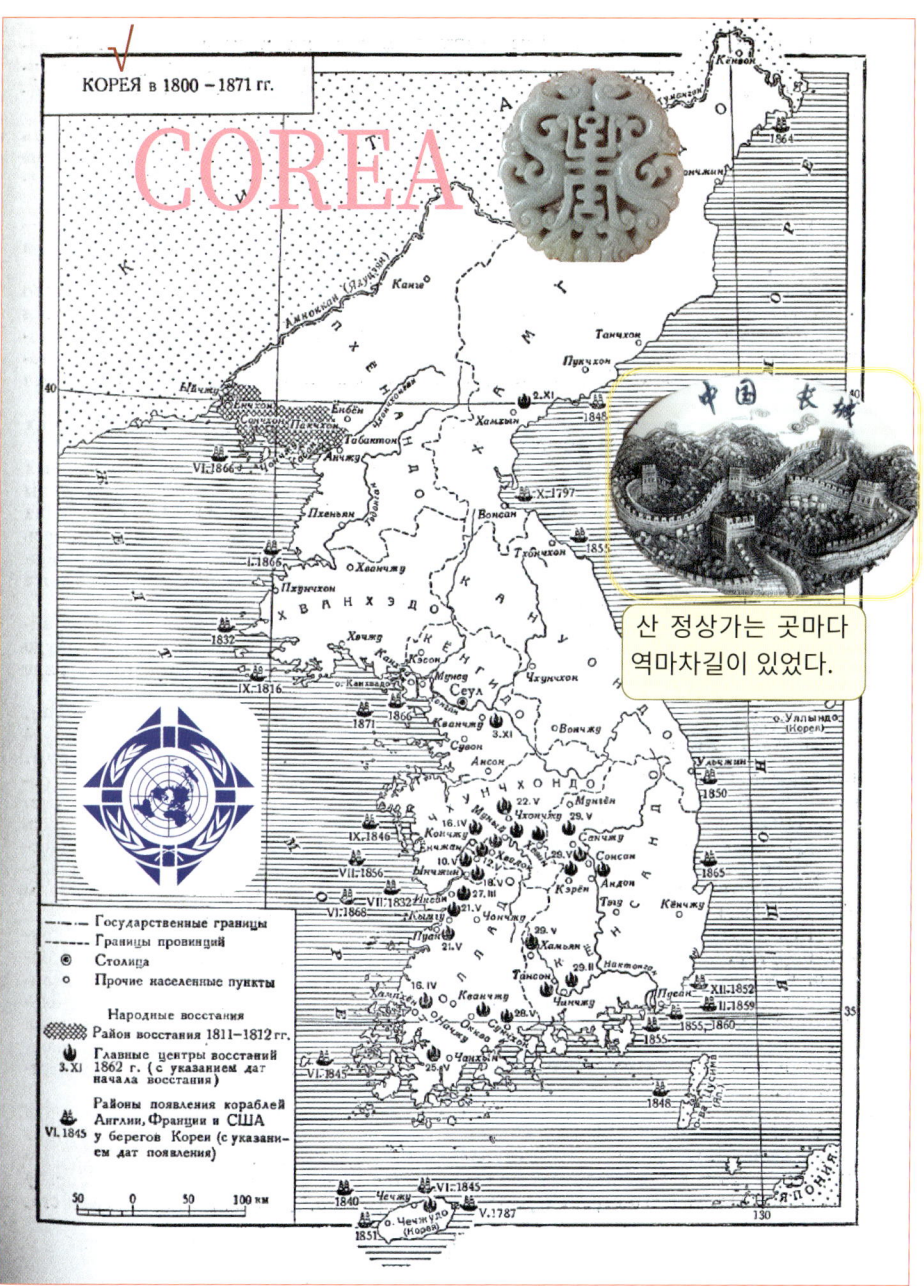

산 정상가는 곳마다 역마차길이 있었다.

● CHINESE EMPIRE(엠파이어: 임任피리)는 대황제를 호위하는 제국이란 뜻이다.

지나조선支那朝鮮은 새로운 세상을 열 미래의 천자(天子: 大佛: 彌勒: 정도령: 하나님)가 다스릴 중국이라고 했다.

천하조선의 Corea는 지구촌의 등불이며 특히 한반도는 미래세계여성타운을 위한 인류의 성지라고 했다.

**'지구촌 서민은 달러가 아닌 가상화폐의
노예라는 사이버 공간에 갇힌 것이다.'**

'대황제'는 비밀자금을 달러로 뎃바치(deposit) 해놓았다

'대황제'는 살아있는 임자壬子(하나님: 十: 卍: ㅣㄹ)이다.

인류 최후의 아마겟돈 전쟁의 서곡이 한반도 종교 세뇌이다.

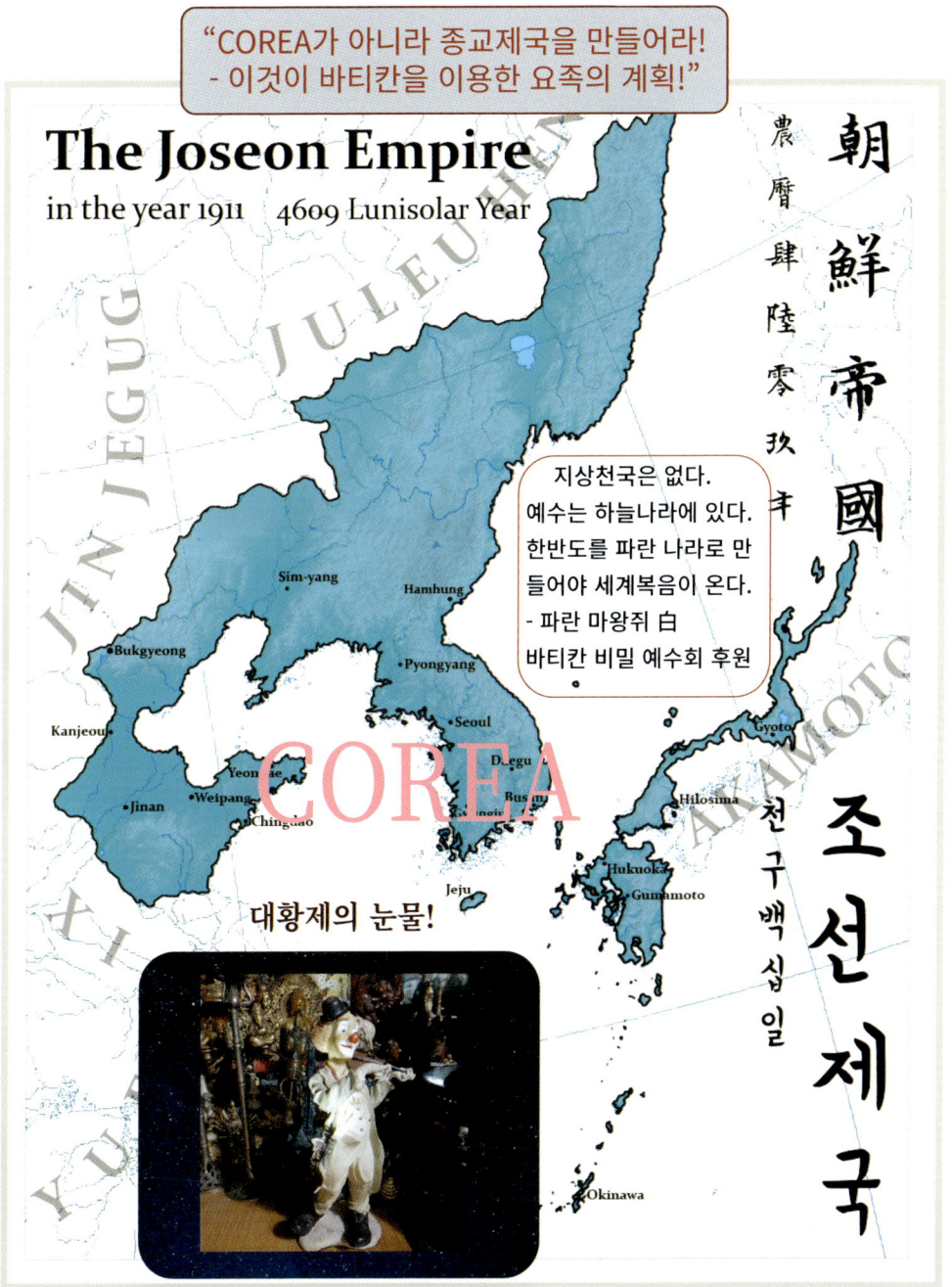

절은 '대황제'의 대웅전大雄殿이 있는 성지이다.

상원사와 세조에 관한 전설은 '보물찾기' 게임처럼 흥미진진하다.

산골마다 사라진 역마차길!

원래 예수회는 '대황제'를 위한 사제단이다 _성당

십十와 만卍자는 같은 뿌리이며 미래를 위한 봉황토템의 원류이다.

중성자 neutron, 중국中國(囯: 叒) - 미래 AI 정보

보어-아인슈타인 논쟁으로 유명한 닐스 보어는 태극문양을 자신의 상징으로 표현했다.
태극은 생사 윤회법칙으로 동양철학의 진수이다. 슈뢰딩거방정식은 이러한 윤회법칙을 수학으로 표현했다.

중성자

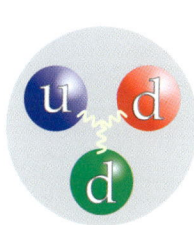

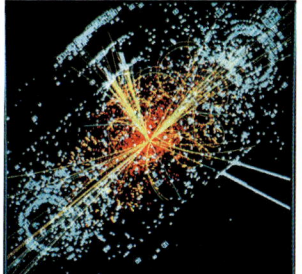

현대 화폐경제시대, 기축통화는 달러이다. 이러한 달러는 미래 예술품과 Deposit(뎃바치: 보증보험) 되어 있다.
미래는 과학과 예술로 나아간다. 양자물리학의 중성자 모형은 이미 만들어져있는 미래예술품의 기본모형이다.
중성자 파는 슈뢰딩거 방정식에 의해 간접적으로 생사生死의 현상을 수학적으로 증명한 비물질입자파동이다.
힉스의 제 7의 물질의 상징이 봉황이며 미래예술은 봉황이 주제이다.

3) 제국주의 서구열강이 그린 지도

(1) 동·서 타타르와 차이나 - EASTERN TARTARY & WESTERN TARTARY & CHINA 동맹관계 - Corea는 이름이다

황실지도는 미래를 상징하고 있다.

- 러시아 제국 - 미국米國에 존재했던 RUSSIAN TARTARY
- 서타타르- 독립 타타르 WESTERN TARTARY
- 미국米國에 존재했던 서타타르는 '듸죠션' 강역이었으나 훗날 중앙아시아 여러 나라로 분할 되었다.
- 동타타르 EASTERN TARTARY - 일명 : KOREA TARTARY
- 차이니즈 타타르 CHINESE TARTARY - 일명: 청青 또는 조선(COREE:역사의 미스테리)

2장 COREA& 코리아 제국 — 87

TARTARY는 근대식 무기로 무장을 한 제국주의 기마군단 초원족이다.

미국米國에 존재했던 COREA와 CHINA는 극동에서 하나(지나·조선)로 엮어져 있다. 왜? 그렇다. 황제는 비자금(기축통화, 달러), 보물, 그리고 군부와 함께 움직이기 때문이다.

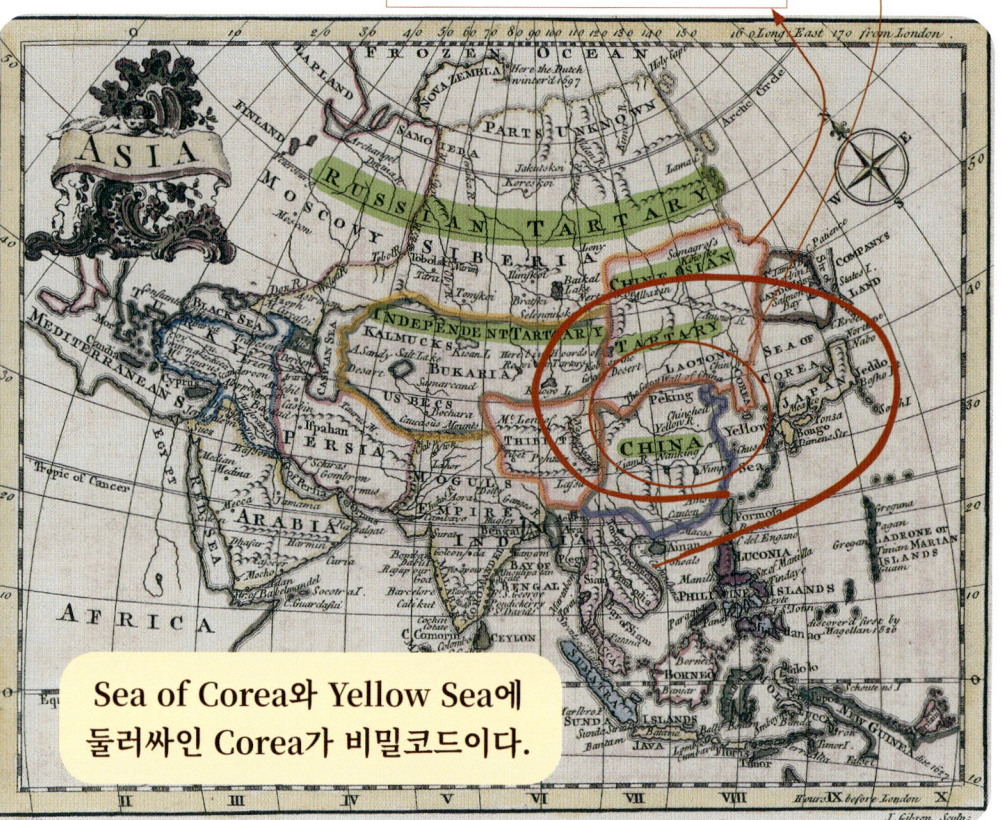

(Corea Confederation)

Sea of Corea와 Yellow Sea에 둘러싸인 Corea가 비밀코드이다.

황실지도를 보면 미래를 예측할 수 있다.

Title/Description: Asia　Main Author: Gibson, J.
Publication Info: London: 1762,　Date: 1762　Scale: 1 : 55,440,000
Original Source: Courtesy of Murray Hudson, Halls, Tennessee

(2) 18, 19세기 지도, CHINA와 COREA는 항상 같이 엮여져 있다.

- **CHINESE EMPIRE** 차이니즈 엠파이어 - 영연방
- 차이니즈 엠파이어 CHINESE EMPIRE는 영연방이다.
(붉은 색 부분이 핵심, 중화민국中華民國이다)
- **CHINA**차이나(지나支那) + COREA = '딕죠션'
- CHINA와 COREA를 지나·조선이라고 한다.
- 딕죠션은 딕 황제가 계신 강남이다. – 훈민정음 해례 記

아시아로 천도한 뒤죠션(COREA) ∞ CHINA는 같이 움직인다.

북극해 위에서 공중촬영한 지도이다. 2차 대전, 북극해에서 전쟁을 한 증거가 주변에 남아 있다.

최근 미국무성에서 발표한 UFO는 강희 때 이미 존재한 양자물리학 및 AI와 분명히 관련이 있다.

캐나다 북극해는 시속 3000-5000km 이상의 빠른 교통수단이 존재한다. 그러한 전설이 너무 흔하다.

한편 세계 고지도는 대개 1850년경 일시에 만들어진 것이 많다.

따라서 서구 열강들 지도의 진위를 구분하는 방법은 경선과 디자인을 보면 된다. 대체로 지금과 같은 경선으로 그려진 고지도는 1850년 전후로 만들어진 것이다. 경위선의 비밀은 북극해와 관련이 있다. 이것은 벌써 북극해를 운행하는 빠른 교통수단이 존재한다는 증거이다.

그렇다. 일부 옛지도에는 월등한 과학과 디자인이 숨겨져 있다.
날짜변경선도 빠른 교통수단의 존재와 관련이 있다.

세계사의 미스터리를 해결하는 열쇠를 캐나다가 갖고 있다.

캐나다는 수천 년간 캐나다 원주민들이 살아온 삶의 터전이다.

17세기 중반 유럽 상선들이 캐나다의 대서양 해안에 정착하였다.

1867년, 영국령 캐나다가 연합하여 캐나다를 이루게 되었다.

1931년, 웨스트민스터 헌장의 적용을 받아 대영제국 내 자치령이 되어 행정적으로 본국과 분리되었으며, 1951년 12월에는 정식 국명을 캐나다 자치령(Dominion of Canada)에서 캐나다(가나다 원주인)로 변경하였다.

캐나다에서는 원주민(원주인)을 "퍼스트 피플"(First peoples, 선주민) · "퍼스트 네이션"(First nations, 선주민족)을 사용한다.

캐나다는 영어와 프랑스어를 공용어로 채택하고 있다.

> 북미(北米) 3축이 세계 3축으로 확장되는 저울추 원리이다.

1755 – 1801년 영국, 프랑스 자치령

캐나다의 어원을 조사하면, 결국 죠션朝鮮(Coree)이다.

캐나다는 한국전쟁(1950.6.25)에 참전하여 특수임무를 수행했다. 장차 나타날 황제(In God We Trust)의 주변 마을 토목공사를 했다는 전설이다.

실제로 여러 마을에 제방을 쌓고 소나무와 대나무를 정리했다.

1952, 경기도 가평_UFO가 자주 출몰하는 지역이다

1893년 시카고만국박람회에 나타난 '디죠션', Corea는 살아있다!

캐나디안 내셔널 철도 회사(Canadian National Railway Company)와 캐나다 횡단도로(Trans-Canada Highway: TCH와 T-Can)운영 노선은 대서양의 노바스코샤 주(옛 Anglo_ Japanese의 본거지)에서 태평양의 브리티시컬럼비아 주 밴쿠버(해저 국제교도소가 있는 곳)까지 뻗어 있으며, 미국의 멕시코 만 지역까지 남하한다.

건륭 때 '대 황제' 축의 지구촌 나한(羅漢: 대황제를 위해 일하는 의인)들이 비밀기관에서 만든 지도로 추정된다.

조선왕조실록과 명, 청 왕조계보는 역사팩트(fact)가 절대 아니다.
AI 분석은 인류기록역사를 채 300년이 넘지 않는다고 한다.
한반도는 팔만 구암자의 땅이므로 1948년 이전에는 공식적으로 나라가 없는 지역이다.
따라서 CHINA(A)와 COREA(B)는 장차 '대 황제'가 태어날 성역이다. 특히 '대 황제'는 천자(하나님)가 계신 중국(VON CHINA)이므로 COREA라고 한 것이다.
이와 같이 역사란 인류미래 '대 황제'를 위한 기록이다. 흔히 달러 속 글귀인 'In God We Trust'이다.

CHINA라는 명칭이 붙는 나라는 대황제를 보위하는 천하 대조선 위성국이다

IMPERIAL CHINA 등, CHINA는 Corea의 비자금과 보물을 지키는 군부이다.

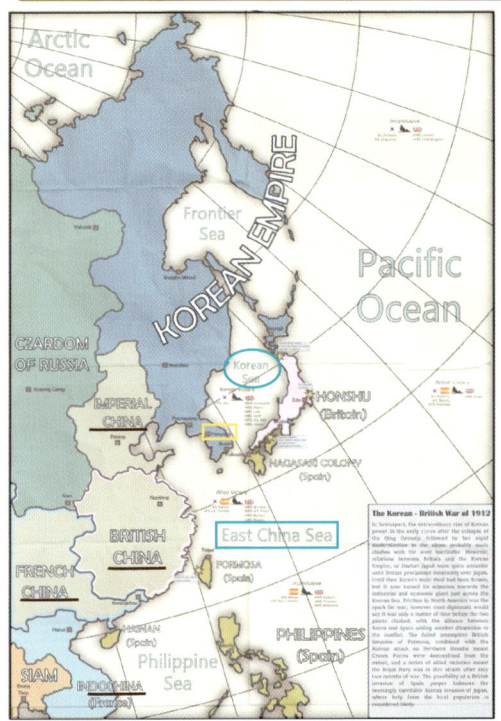

볍씨를 이용한 황실의 조형물은 지구촌 3축의 보물을 상징하며 천제를 지낼 쌀(이李밥)이다.

프렌치차이나, 브리티시차이나, 인도차이나 등은 차이나(China)에서 나누어진 제국이다.

1893년 시카고만국박람회에서 차이나(China)는 되죠션(Corea)이다.

당시 차이나(Von China)의 상징이 태극이었다.

이미 아시아로 천도한 되죠션(VON CHINA)이 극동아시아 지도에서 COREA로 표기된다. 2018, 인류미래 프로젝트는 시작되었다.
2022년, 성경에 등장하는 아마겟돈 전쟁은 종말을 예정한 것이다.

아시아로 천도한 딕죠션(COREA) ∞ CHINA는 같이 움직인다.

> 유라시아는 3축으로 구분되어 있다. 영연방, 러시아연방, 차이나연방을 모두 합쳐서 Corea Federation이라고 불렀다. 이미 아시아로 천도한 딕죠션(VON CHINA: Corea)이 극동아시아 지도에서 COREA Federation으로 채색되었다.

한때 고전물리학시대, 인류는 농경과 상업을 하는 단순경제시대였다.

두 때 산업혁명을 거쳐 양자물리학시대에 이르러 인류는 종교를 뛰어넘어 생사 윤회의 법칙을 깨닫게 되었다.

다시 반 때로 회귀하는 인류는 새로운 과학과 예술로 한층 업그레이드된 빛의 시대로 나아갈 것이다.

극동이 소돔과 고모라로 바뀌자 하늘의 성전 계획이 바뀐다?

"하늘이 준 기회를 놓치면 운명이 없다."

'왜 그랬어? 왜 하늘의 성지가 소돔과 고모라로 바뀐 거야? 왜 그랬어?
 결국 제3의 중국은 꽃이 피기도전에 원래 중국이었던 '신강 위그루' 지역으로 이전하는 것일까? 왜 중공의 아지트가 된 거야? 한반도의 운명은?
 "하늘이 준 기회를 놓치면 운명이 없다."

딕죠션(von CHINA) 황실과 조선왕실을 분명히 구분하고 있다

'딕죠션大朝鮮' Von(本) CHINA : COREA

Why Corea?

서구열강이 중국인을 차이나맨과 차이니즈맨으로 구분하여 차별하였다. (인종, 혈통, 시민권 등으로 차별)

-1882년 중국인 이민 금지법(Chinese Exclusion Act)이 통과되면서 중국 이민자들을 통제하였다.

- 중국인 이민 금지법은 최근 까지도 알게 모르게 유색인종 모두에게 적용되고 있었다.

- 필자는 딕죠션(von CHINA) 황실과 조선 왕실을 분명히 구분한다.

강희 때 인류미래를 위한 과학, 예술 설계프로그램이 존재했다.

 미국에 조선이 실제로 존재했느냐는 별개의 문제이다. '대황제'가 계신 황실은 존재하지만 누구도 본 사람은 없다.

 1882년 이후 COREA, 대한국大韓國이 사라진 후 '대황제'가 모습을 감춘 것이다.

 이것이 AI 시스템이 얘기하고 있는 진실 중 일부이다.

 그러나 달러에는 남아있다.

(In God We trust)
현시대는 화폐경제시대이다

98 − 비밀지도 코리아 (Corea)

(3) 1823년, 미국의 먼로주의를 재해석해야 한다

COREA Federation

미국米國(연합중국)대륙 중앙에 유럽제국이 있었다. 딕죠션大朝鮮의 경기京畿라고 했다. 일명 COREA이다.

1882년 COREA가 잠적하면서 1893년 시카고세계박람회에 엠블럼에 딕죠션이 CHINA로 잠깐 등장했다.

그 후 CHINA가 여러 열강(브리티시 차이나, 프렌치 차이나 인도차이나 등)으로 갈려진다.

음모세력의 설계자는 딕죠션大朝鮮 황실 내부의 마왕(쥐새끼)이다.

● 한때 Von China('뒤죠션')은 북아메리카에 있었다.

한때 아메리카합중국(米國)에 중국이 존재했다는 AI 기록이 있다.

제국주의시대 역사란 아메리카합중국(米國)의 유럽제국의 외인부대들이 미국동부지역과 지금의 유라시아대륙으로 원정을 나가는 제국주의 시기의 역사이다.

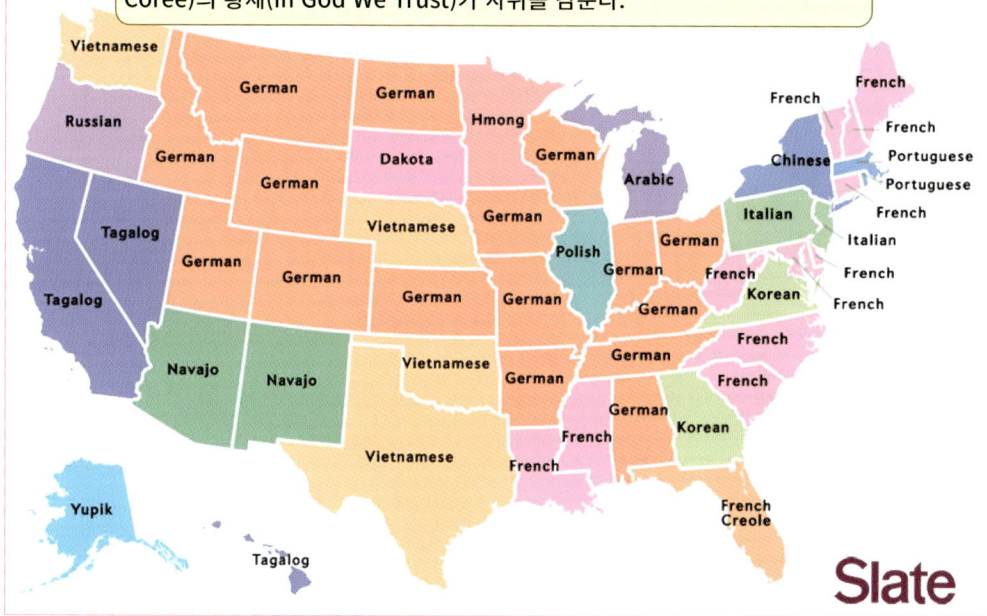

German(절 만권)은 황제를 보위하는 제국이다. 그래서 Polish(경기도: 폴란드)를 중심으로 German이 많은 것이다. 폴란드가 공산화되자 Arabic(꼬리: Coree)의 황제(In God We Trust)가 자취를 감춘다.

'AI 역사프로그램'은 토인비의 역사지도를 군사지도의 일부라고 하며, 팩트와 거리가 먼 지도가 많다고 보고한다.
토인비가 누구인가?

설계자만의 비밀이야! 알면 다쳐!

(4) 미국의 먼로주의는 남미의 독립을 시험무대로 하여, 훗날 UN을 결성하는 초석이 된다.

1823년, 먼로 대통령은 의회에 보내는 연례 메시지에서 '구세계와 신세계'는 서로 다른 시스템을 가지고 있으며 별개의 영역으로 남아 있어야 한다고 선언했다. 또한 미국은 유럽 열강의 내정 또는 전쟁에 간섭하지 않을 것이며 서반구의 어떤 국가를 억압하거나 통제하려는 유럽 세력의 모든 시도를 미국에 대한 적대 행위로 간주한다는것이다.

먼로주의는 미국 외교 정책의 분수령이 되었다.
캘빈 쿨리지, 허버트 후버, 존 F. 케네디 등 먼 후대의 미국 대통령들도 인용한 바 있는 미국 외교사상 매우 길게 지속된 외교 입장이다.
-위키백과

'구세계와 신세계가 서로 다른 시스템이라는 뜻은 무엇인가?

먼로선언의 신세계는 양자물리학과 모더니즘미술이라는 새로운 시대를 예고했다. 이후 먼로주의는 미국외교의 핵심이었으나 이미 'In God We Trust'라는 달러속의 하나님이라는 본질은 흔들리지 않았다.

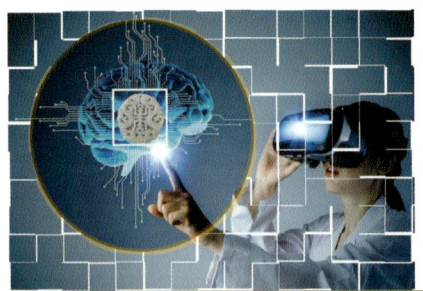 

양자역학의 산실인 막스플랑크 연구소와 베를린의 디자인학교 바우하우스는 미래의 생사生死 윤회를 밝히는 새 시대를 향한 서막이었다.

> 먼로 독트린은 아메리카대륙에서 종교분쟁과 전쟁으로 인한 여러 인종 및 부족이 이주하는 원인이 되었다.

미연방이 하는 일과 미 대통령이 하는 업무가 다른 것일까?

미 의회의 양당정치제도는 항상 로비스트(lobbyist: 특정한 집단이나 국가 및 지역의 이익을 위하여 의원을 상대로 공작을 하는 전문가)에 의해 정책이 이루어져왔다.

2020년 이후 용병까지 운영하며 조직화된 lobbyist 특정 집단이 우주연합 군에 의해 무차별 제거되고 있다는 비공인 뉴스가 있다.

> 미 우주연합군은 이미 1882년부터 존재해왔다.

먼로주의 이후 윌슨의 민족자결주의는 민족대이동의 시작이다.

 알렉산더 해밀턴(Alexander Hamilton, 1755년~1804년)은 미국의 법률가이자 정치인, 재정가, 정치 사상가였다. 연방주의자로 초대 대통령 조지 워싱턴 정부 시절 재무 장관(1789년~1795년)을 지냈다.
 미국 지폐에 초상화가 새겨진 인물 중 대통령이 아니었던 사람은 알렉산더 해밀턴(10달러)과 벤저민 프랭클린(100달러) 단 두 명뿐이다.
 이후 등장하는 먼로주의는 미국을 강력한 미연방국가로 만들었다.

해밀턴은 영연방 장교출신의 미국 최초의 재무장관이다. 그는 황제(In God We Trust)의 자금으로 전쟁부채를 탕감했으며 미합중국을 강력한 연방국가로 만들었다.
 아마 그는 100만 코리언의 황제비 자금을 양성화하여 12연방은행의 바탕이 될 각종 금융조직을 만든 것 같다. 그는 달러를 미전역의 기축통화로 확정지은 세계축의 인물로 추정된다.

7개의 별에 주목하라!, 칠七은 인류미래 '대황제'를 상징하며 토템이 봉황이다.

'AI 역사프로그램'은 미국의 먼로주의를 정확히 이해해야 아메리카대륙에서 유럽이 발생했다는 것을 알 수 있다고 한다.

남북전쟁 이전의 'COREA 연방', 일명 '듸죠션'이다

COREA Federation

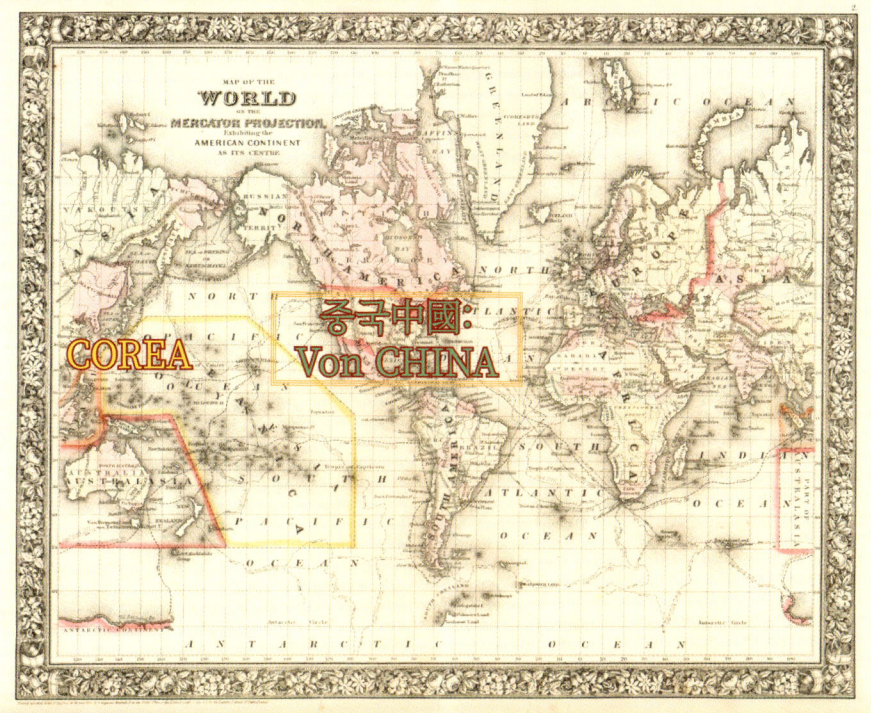

1860 Map of the World on the Mercator Projection, Exhibiting the American Continent As Its Centre
By: Samuel Augustus Mitchell Jr.
Date: 1860 (Published) Philadelphia - 남북전쟁 직전의지도
Dimensions: 13.6 x 10.75 inches (34.5 cm x 27.31 cm)

> 위 지도는 축(Hub)에서 만들어진 지도이다.
> 축(Hub)이란 우주연합군 소속을 의미한다.
> 파란 마왕으로 인해 하늘계획이 2022년으로 미루어졌다.

COREA 연방이 전 세계에 걸쳐 분포되어 있다. 훗날 캐나다 연방과 코리아 제국(KOREA EMPIRE)으로 자리를 잡는다. 캐나다 연방을 일명, '듸죠션'이라고 하는 이유가 여기에 있다.

Imperial China가 중국中國이 아닌 것처럼, Korean Empire가 Corea(Von China: '딕죠션')가 아니다.

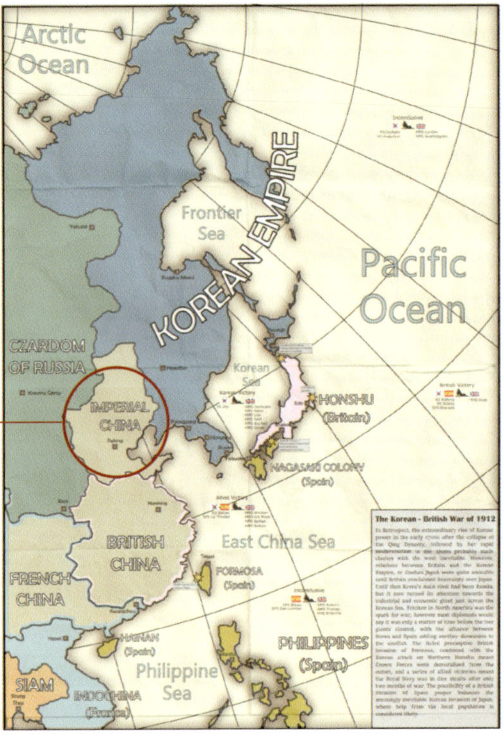

Imperial China는 중국中國이 아니다. 대황제의 친위대를 관리하는 제국이다.

Korean Empire가 Corea(Von China)가 아니다.

Corea

Kingkitao(경기도)는 서울(Seoul)이다.

한때 북미 유럽이 세계의 중심(중국中國)이며 경기도(서울)였다.

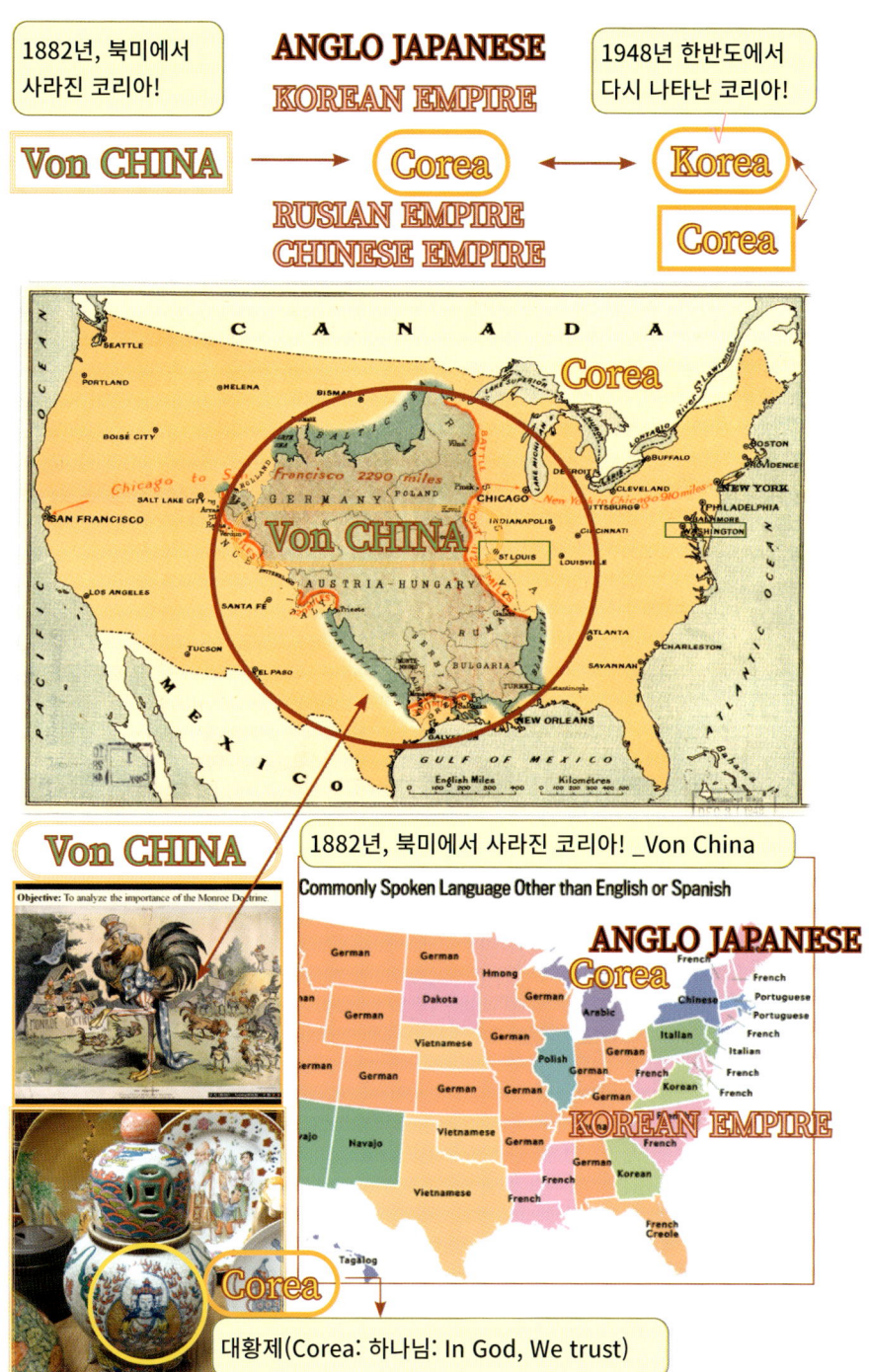

(5) 전쟁으로 오염되는 미합중국(美合衆國: United States of America, USA) - 극동아시아 이주

미국 남북 전쟁(American Civil War)은 미국에서 일어난 내전이다.

1861년 4월, 노예제를 지지하던 남부주들이 모여 남부연합을 형성하며 미합중국으로부터의 분리를 선언한 뒤, 아메리카 남부 연합군(이하 '남군')이 사우스캐롤라이나주 찰스턴 항의 섬터 요새 포격을 시작으로 1861년부터 1865년까지 4년 동안 벌어진 전쟁이다.

전쟁 결과 남부연합군이 패했고, 미국 전역에서 노예제를 폐지한 중요한 계기가 되었다. - 위키백과

위내용은 일반적인 상식이다. 하지만 북미의 남북전쟁은 북미 왕실 및 귀족의 노예제 폐지를 위한 혁명전쟁의 종결이었다. 남북전쟁은 북미의 왕실을 유라시아대륙으로 완전이주하게 하는 최후의 결전이었다.

남북전쟁을 비롯한 20세기 전후 다큐멘터리 사진들은 세트장을 만들어 찍은 사진이 많다. 위 사진도 헐리우드 스튜디오 사진일 가능성이 있다. (남북전쟁 사진 중에 해상도가 매우 높은 것이 많으며 뒤 배경이 항상 일률적이다.)

남북전쟁은 영연방과 코리언연방이 더황제를 위한 싸움이다.

Imperial Coat of arms of Germany (1848)
_ 독일 제국 국장(1848)

러시아 또는 독일제국의 문장이 매우 비슷한 것은 다른 유럽국가도 마찬가지이다. 유라시안왕족은 같은 형제이며 궁극적으로 코리언들이다.

▼ 전쟁으로 오염되는 미합중국(美合衆國: United States of America, USA) - 극동아시아 이주

남북전쟁은 황제의 권위에 도전하는 패거리들이 태동하는 시기이다.
거북선은 황제의 최정예수군水軍 군단이었으며 황실의 혈통을 보위하기 위해 싸운 것이다.

미시시피 강 유역과 오대호 지역에서 러시아 상선과 남군이 합작하여 프랑스 왕실 함대를 공격한 기록이 있다.

미시시피 강 유역과 미 동부지역에서 러시아 상선과 남군이 합작하여 프랑스 왕실 함대를 공격한 기록이 있다. 미 대륙 남북전쟁은 '대황제'를 둘러싼 유럽 상단의 이권전쟁이다.

20세기 전후 세계대전과 종교분쟁은 북미에서 일어났다

지도에서 전쟁이 없는 Union Controlled지역을 역사가는 UNITED KINGDOM이라고 한다.

당시 영연방은 대황제의 후원을 받으므로 대황제와 보물을 있는 COREA를 지켜야 했다. 이것이 영일동맹의 비밀이다

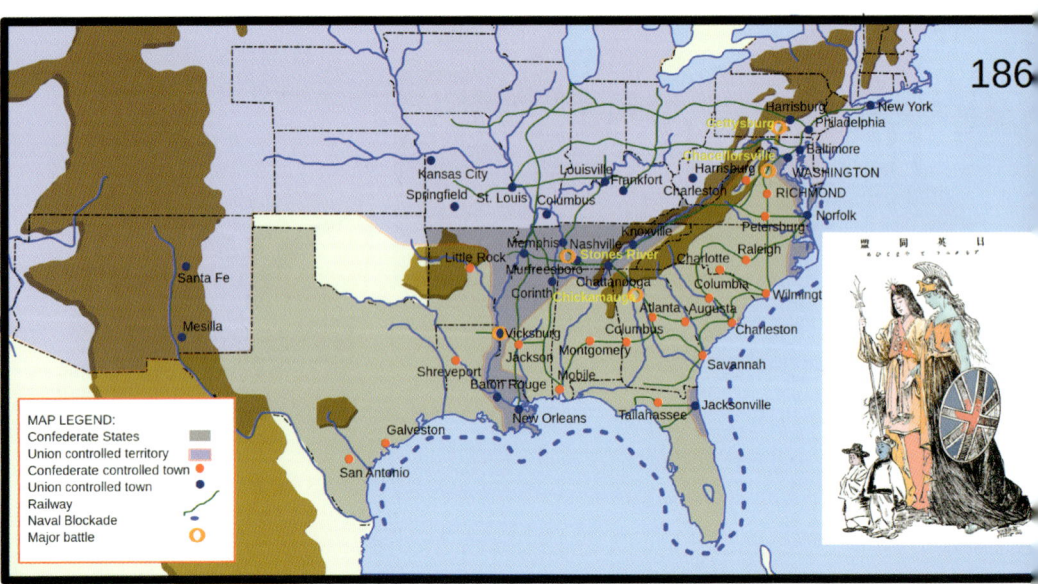

중국(디죠션: Von CHINA: Corea)과 조선왕실을 구분해야 한다.

남북전쟁 이후 황실은 인류 대 프로젝트를 위해 코리언을 중심으로 화폐금융시대를 가동하였다.

이와 더불어 대 황제는 수면 아래로 잠적하였다. 갑자기 세상은 전쟁과 기근으로 경제대공황을 맞이했다.

군부와 자본시장에는 보이지 않는 손이 세상을 움직였다. 대 황제의 존재는 언제나 수수께끼이다.

황실가족의 이민선 '코리아' 호로 추정!

남북전쟁은 영연방과 코리언연방이 디황제를 위한 싸움이다. 남북전쟁 이후 북미 중앙세력이 오대호에서 애팔래치아 산맥 동쪽으로 이동한다. 미 연방이 세계무역을 주도하는 계기가 된다.

미국의 먼로주의와 남북전쟁은 북미유럽 세력을 유라시아 및 아프리카로 방출한 것이다.

(6) 중국中國(Corea)이 한반도로 천도를 했다.

초창기 한반도에 온 황실사람(지나조선)은 형제간이다.

황제는 군부와 보물을 갖고 움직이므로 당시 한반도에 오색인종이 모두 집결했을 것이다.

이때 황제에 맞서는 빅브라더(마왕)가 황제의 보물을 노리는 무리를 이끌고 뒤따라 왔다. 인류불행의 시작이다.

대륙 코리아인가? 한반도인가? 역사에 반역이다.

달러의 황제(In God We trust)가 새로운 미래를 열 것이다!

   북미에서 싸우던 핵심세력이 극동아시아로 몰려왔다.
   그러나 장차 인류의 미래를 열 황제(In God We trust)가 위험에 처할 지경이다. 마치 성경에 등장하는 헤롯왕이 장차 태어날 아기 예수를 죽이려는 장면과 비슷했다. 그래서 1882년 우주연합군이 결성된 것이다. 1950년 6.25전쟁 때 Coree(朝鮮)를 지켰고, 2022년 세계 100여 나라의 연합군이 또다시 한반도에 집결했다. 오로지 돈을 위해 영혼을 판 요족을 모조리 소탕중이다.

최첨단 농법은 일찍이 미시간과 한반도에 공존했었다.

   당시 한반도는 에덴동산과 같았다. 그래서 만리장성萬里長城 이라고 한다. 즉 황제(In God We trust)가 새로운 미래를 열 금수강산이다.

강원도 안반데기
_ 한때 화전민이 세운 에덴동산이었다.
아! 오로라!

만약 대한제국大韓帝國(KOREA)과 COREA가 다른 개념이라면, 사라진 한반도의 COREA 지도의 실체는 무엇인가?
COREA는 어디로 어떻게 사라졌나?
COREA의 실체는무엇인가?

한반도 역사 교과서에 신미양요(辛未洋擾)를 1871년 6월 1일에 발생한 조선과 미국 간 전투라고 한다. 하지만 모든 정황으로 볼 때 그러한 전투가 한반도에 있다는 것은 거의 불가능하다.

만약 한반도에 '신미양요'가 있었다면, 그러한 기록은 역사가 아니라 소설이다.

어쨌든 이와 비슷한 사건이 1871년 미국 신문기사에 있어서 소개해 본다.

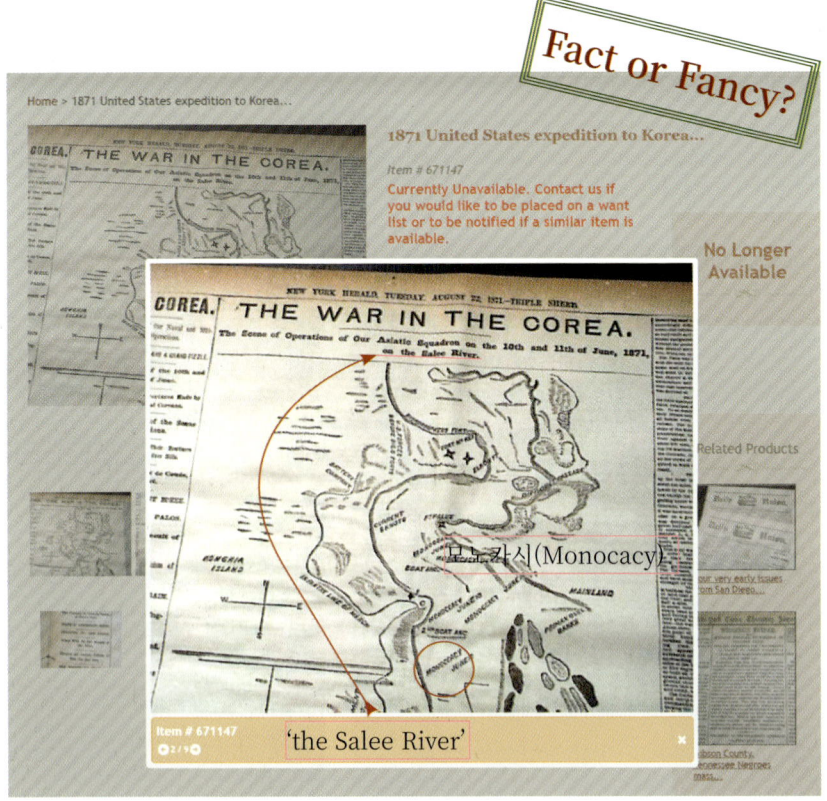

NEW YORK HERALD THUESDAY AUGUST 22, 1871 …

The war in the Corea
The Scene of Operation of our Asiatic Squadron on the 10th and 11th of June.

'한국에서의 전쟁'이란 제목아래 '1871년 6월 10일과 11일 '살리 강'에서 우리 아시아 비행대(함선)의 작전 장면'이라고 소제목을 붙인 기사이다.

1871년 'Salee river'에서 전투를 했다.

중요한 것은 'Salee(살리)' 강이 어디에 있느냐?'이다. 구글지도를 검색하면 여러 곳이 나온다.

한반도 한국의 김포 근처, 캐나다 '매니토바' 주의 위니펙, 그리고 '메릴랜드'주의 프레더릭이다. 한국 역사와 관련된 미국과의 전쟁이 신미양요이므로 강화(도)가 있어야 한다.

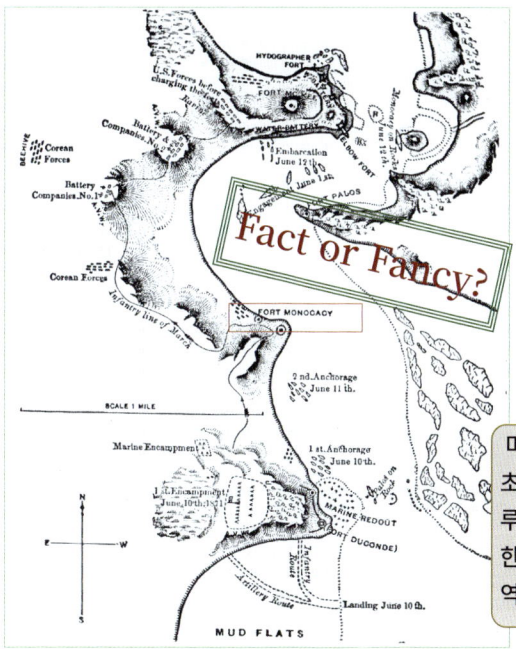

필자는 '아메리카 대조선'에서 한강을 미국의 포토맥 강이라고 했다.
그래서 'Salee(살레)' 강과 지형이 거의 같은 곳을 포트맥강 지류에서 찾았다.
'메릴랜드'주의 프레더릭을 흐르는 '모노카시' 강이 있었다.

미국 측이 그린 전투지역도. 초지진에서 광성보까지의 공격 루트가 그려져 있다.
한반도 역사는 염호(소금강)의 역사를 바다 속에 빠뜨렸다.

- 만약 한반도에서 일어난 사건이라면, 이렇게 신문에 자세히 설명했을까? 그렇다. 한반도가 아니라 미국에서 일어난 사건이기 때문에 상세하게 취재한 것이다.

우표를 비롯한 여러 기록에 대한제국大韓帝國을 IMPERIAL KOREA라고 표기했다.

신미양요는 1871년 6월 1일에 발생한 조선과 미국 간 전투이다.

제너럴 셔먼 호 사건의 책임과 통상 교섭을 명분으로 조선의 주요 수로였던 강화도와 김포 사이의 강화해협을 거슬러 올라왔고 조선 측의 거부를 무시하고 무력으로 탐침을 시도하여 교전이 일어났다.

미국은 이 사건을 1871년 한국 원정(Korean Campaign 1871) 또는 1871년 미-한 전쟁(United States-Korea War of 1871)이라고 부른다.

(간단히 조선 원정, Korean Expedition으로 표현하기도 함)

그런데 이상하다. 당시 전쟁 상황을 알리는 국기와 삽화, 그리고 우표 한 장이 우리가 배운 역사와 전혀 다른 메시지를 전해온다.

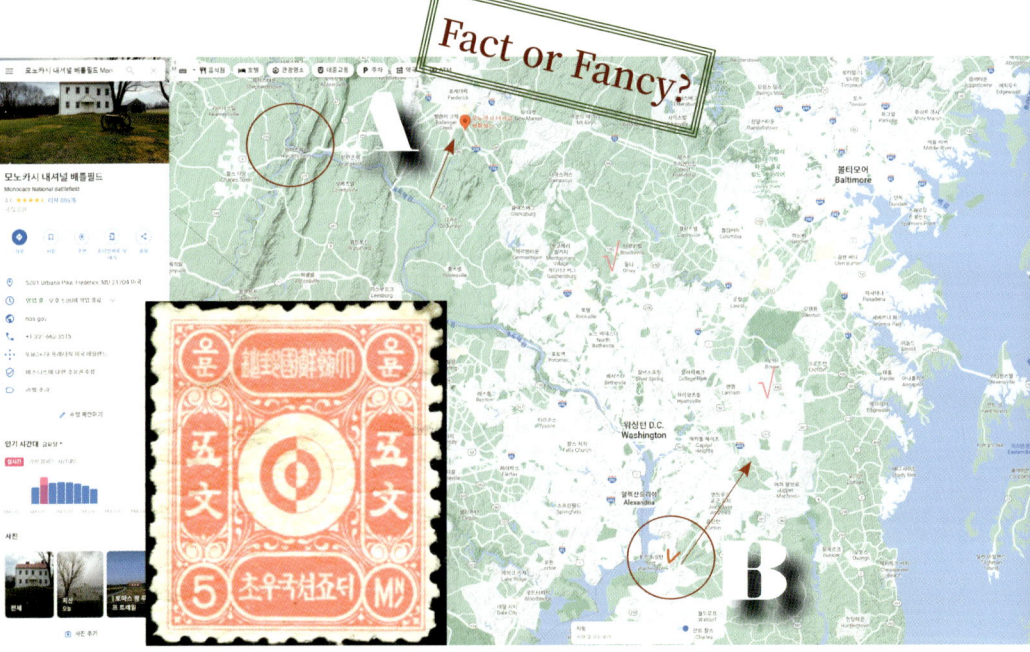

미국이 제너럴 셔먼 호와 같은 대함선으로 왔다면 포토맥강 상류(A) 쪽이 아니라 하류(B) 쪽에서 거슬러 올라갔을 것이다. 그렇다면 강화는 (B)지역이다.
하지만 살리강에서 전투가 있었고 강화해협이라면, (A)지역에 강화가 있고 살리강에서는 작은 배로 싸웠을 것이다. - AI는 신미양요를 허구일 가능성이 있다고 본다

COREA 군대와 KOREA(COREE) 군대가 충돌한 것이다

위 삽화는 동양인 군인과 서양 군인이 육박전을 하는 모습이다.
미국이 말하는 Korean(조선군이 아님)은 카우보이모자를 쓴 군인이며 꼬랑지 달린 머리를 한 지나支那인과 같은 편이다.
뒤에 보이는 건물은 우리가 알고 있는 한반도의 풍경이 아니다. (마치 피사의 사탑 같다.)

1870년경 런던(당시 워싱턴 부근), 삽화집에 실린 별기군 모습

별의 숫자, 3, 3, 7(하나님)이며 붉은 줄(7), 흰 줄(6)으로 3, 3, 7이다.
1871이라는 국기는 COREA(하나님)에 충성을 다한다는 뜻이다.
미 해병대의 기원이 된 상징은 대황제(COREA)를 위해 충성을 맹세하는 성조기(5, 7, 1871)이다.

1871년 '제너럴 셔먼 호 사건'은 같은 사건을 각각 다른 곳에서 일어난 전쟁으로 묘사하고 있다.

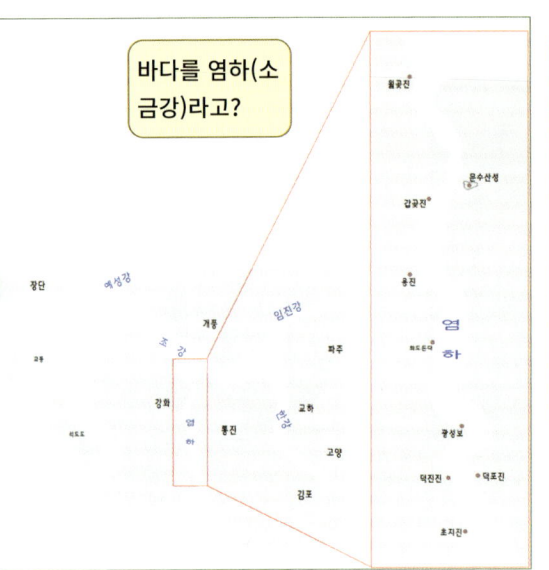

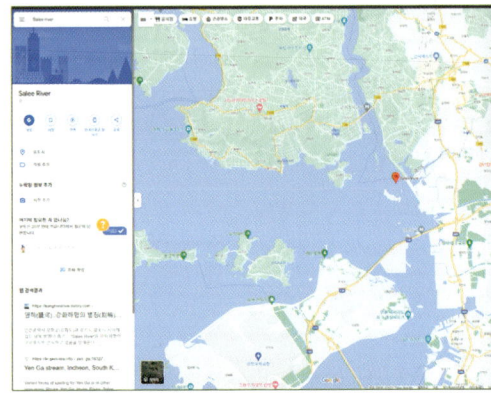

구굴에서 살레 강(Salee River)을 검색하면 한반도 김포와 도미니카공화국의 과들루프가 나온다. 둘 다 바다 사이의 운하형태라 소금강(염하)라고 할 수 없다. 따라서 다른 곳에서 찾아야 한다.

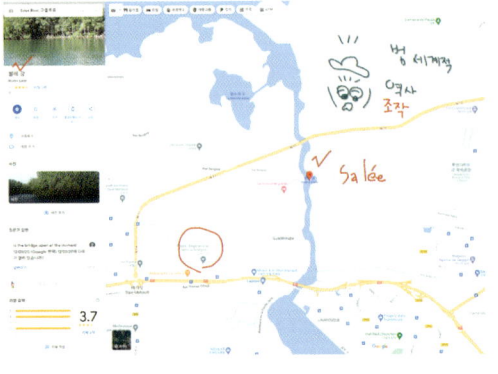

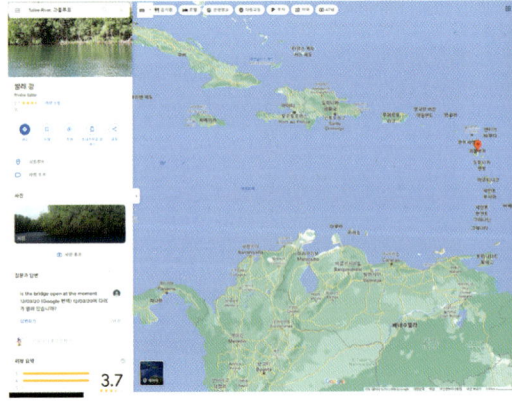

CHINESE EMPIRE(영연방)은 북경에 천안문, 한반도에 독립문을 비롯한 8만 9암자의 절(卍)을 세웠다.

　다시 반복하지만, 1871년 미국 신문기사의 'THE WAR IN THE COREA' 의 배경이 미국이다.

　하지만 한반도 역사학자들은 1871년의 신미양요를 한반도 강화도 부근에서 일어난 역사적 사건이라고 한다.

　만약 그것이 사실이라면, 1871년 제너럴 셔먼 호 사건은 미국과 한반도에서 일어난 비슷하지만 각각 다른 전쟁이다.

　그럼에도 불구하고 미국 측 기록은 강화근처에서 일어난 똑같은 사건을 말하고 있고, 그러한 사건을 증명해주는 미국의 신문기사도 있다.

살레강은 미국 메릴랜드주 모노카시협곡으로 추정된다. 전략요지인 이곳을 지나면 워싱턴 뒤쪽과 보위(Bowie), 볼티모어, 필라델피아(Canton) 등지로 퍼지면서 게릴라식 공격할 수 있게 된다.

역사적으로 Corea와 Imperial Korea는 다르다.

　제너럴 셔먼 호 사건은 미국 신문에 나올 정도로 큰 사건이다. 북미에서 일어난 사건을 신미양요라고 교과서에 가르친다면 이건 역사를 떠나 정치적인 음모가 도사리고 있다고 봐야 한다. 한국을 정치적 동물왕국이라고 얘기하는 세계석학이 있다는 것이 낭설만은 아닌 것 같다.

　당시 사진과 삽화를 미국 측에서 제시한 것으로 본다면 제너럴 셔먼 호 사건은 북미에서 일어난 팩트(fact)일 가능성이 높다.

미국 기록 자료를 갖고 한반도에서 일어난 사건으로 각색한 책이다.
이 책은 신문기사 등 시사자료를 인용한 정보가 부족하다. 따라서 한반도 역사를 날조한 거대 축에서 기획한 가짜이다.
독자는 미국 측 기록 자료에서 진실을 읽는 눈을 키우기 바랍니다.

COREE는 라틴어 방식 용어로 KOREA와 같다고 본다.
대한제국의 태극은 조대朝代(황실의 뿌리)를 상징한다.
즉 국제이다 - 태극5:5

한반도 역사 날조는 폐쇄적이나 국제분쟁기록은 세계적이다.

연출된 사진이지만 남북전쟁 전후의 배경이라고 한다.
앞에 조지타운대학 건물양식으로 보아 시기는 대체로 맞다. 미군이 포토맥 강 건너편에서 워싱턴 쪽을 바라보고 있는 것이다.
한때 이곳은 런던이었다. 그이전은 한양漢陽이다. 1871년 10월 시카고가 불탄다.
미국 측 기록은 미국과 KOREA의 전쟁이고, 역사적 팩트(fact)는 COREA 깃발을 든 서양군인과 별기군 복장을 한 동양군인(KOREA)과의 전쟁이었다.
하지만 당시 역사적 실체는 태극 깃발과 함께 하는 쪽이 COREA였다.

시카고는 전쟁마다 대화재가 발생하는 국제분쟁지역이다.

　1837년에 도시로 편입된 시카고는 1840년 4,000명을 조금 넘었지만 화재 당시 330,000명 이상으로 겨우 30년 만에 빠른 속도로 성장했다. 다른 곳에서 이주가 아니라면 불가능한 현상이다. 서둘러 건설된 이 도시는 대부분이 나무로 이루어져 있었다.
　1871년 10월에 일어난 시카고 대화재는 시카고 역사상 가장 철저하게 파괴된 전설적인 화재 중 하나이다.
　그렇다면… 이들은 주로 어디로부터 온 피난민들일까?

CoreA는 오색인종이 모여사는 중국! 지구촌의 중앙사령탑!

이미 미시간 주는 방방곳곳 불타고 있었다. 시카고 난민들은 미시간 주로부터 끊임없이 이주해온 Coree 사람들이었다. 북미 신문에 매일 보도되는 Coree는 미시간 주였다. 이곳이 중국이었다.

Coree? 아… 주변에 Coree… 전기시설과 자동차가 가장 많은 곳… 한반도?

(7) 러시아 제국과 대치한 영연방의 실체가 CHINESE EMPIRE이다. 북미에 KOREAN EMPIRE가 있었다.

결국 제너럴 셔먼 호 사건은 한반도에서 일어난 신미양요가 아니다.

싸운 상대가 영국이나 독일이라면 이론상 가능하지만 미국은 국내사정(남북전쟁) 때문에 해외원정이 불가능한 시기이다.

따라서 제너럴 셔먼 호 사건은 미국의 워싱턴을 중심에 놓고 미국(COREA)과 KOREA EMPIRE가 치열한 전투를 한 것이다.

물론 COREA의 원류를 오대호에서 찾아야 하므로 제너럴 셔먼 호 사건은 크게 보면 캐나다(당시 영연방 세력 또는 중화민국 세력)와 미국과의 전쟁이었다. 이러한 역사적 배경아래 지도를 봐야 한다.

미국은 서구열강과 영연방을 견제하며 균형을 유지했다.

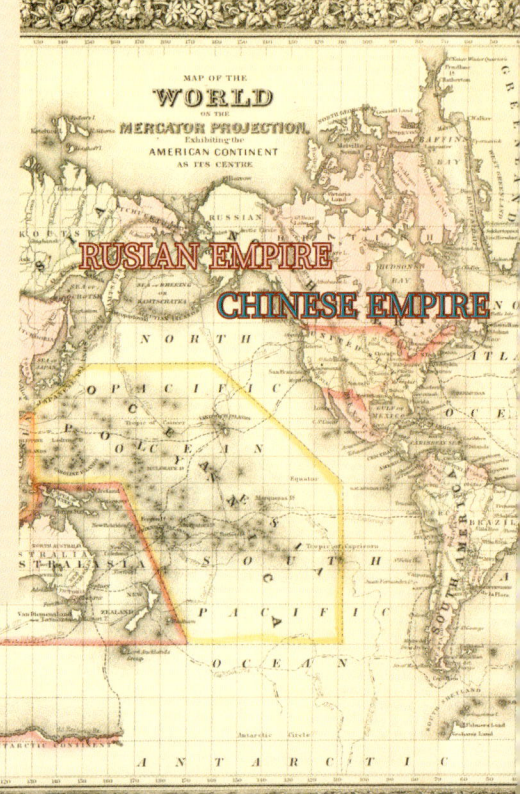

붉은색은 영연방으로 미국을 비롯한 러시아제국과 서로 대치관계에 있었다.

2장 COREA& 코리아 제국 — 123

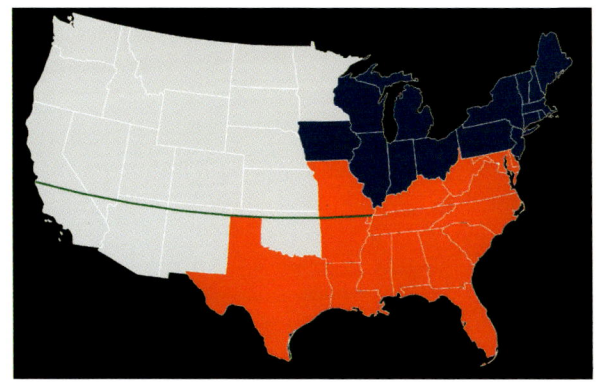

미주리 타협(Missouri Compromise)은 1820년에 미주리주의 연방 가입에 관해 북부의 자유주와 남부의 노예주 간에 타협한 협정이다.

이것이 남북전쟁의 또 다른 모습이다.

1943년 2차 대전당시 텐진 조계에 주둔하고 있던 이탈리아군이 일본군과 충돌했다. 이탈리아 해병대인 마르코 대대는 치열한 전투 끝에 일본군에 항복했다.

1938년 텐진을 점령한 일본군과 이탈리아 진영은 가까운 거리였다.

지금의 중국대륙이라면 전략상 불가능한 전투이다.

차이나(북경)와 아랍(메카)은 이웃이었다. 한때 아랍은 영연방에 속했다.

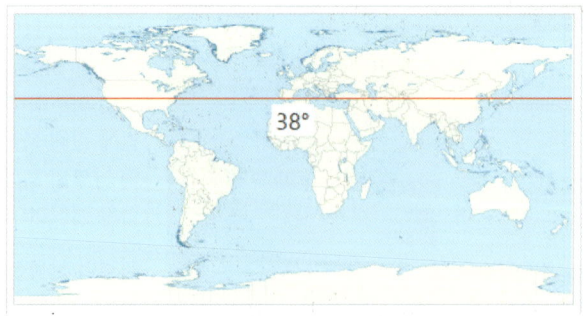

대황제의 보물은 본질적으로 인간영성에 관한 생사生死의 법칙(윤회의 법칙)을 깨닫게 한다.

인류문명 마지막 때에 진정한 보물이 나타나 내안의 하나님을 찾는다.

마침내 대황제의 출현으로 현대미술과 양자물리학이 인류보물의 정체를 밝혀, 인간의 존엄성을 회복하고 자기의 개성을 찾는 새 시대를 맞이한다.

마지막 때에 인류의 보물이 집결되어 있는 곳에서 Corea가 일어난다.

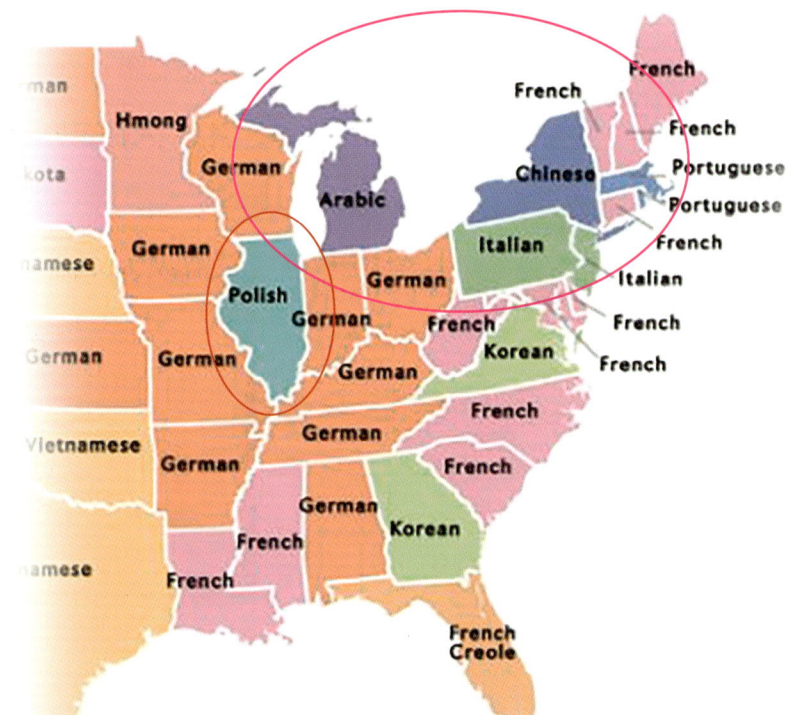

Real History는 근현대사이다. UFO가 존재하는 화폐경제시대이다. 세계대전을 비롯한 대부분의 전쟁은 북미대륙에서 일어났다. 그 후 UN을 중심으로 지구촌은 하나로 나아간다.

당시 한강韓江은 포토맥 강이 아니라면, 오대호이다.

ANGLO JAPANESE, 북경점령!

일본은 1937년 7월 7일에 발생한 노구교(盧溝橋: 루거우차오) 사건을 빌미로 북경을 침략했다. 물론 북미에서 일어난 일이다.

Where Corea?

3장 COREA 지도는 미래의 비밀코드

Fancy or Fact

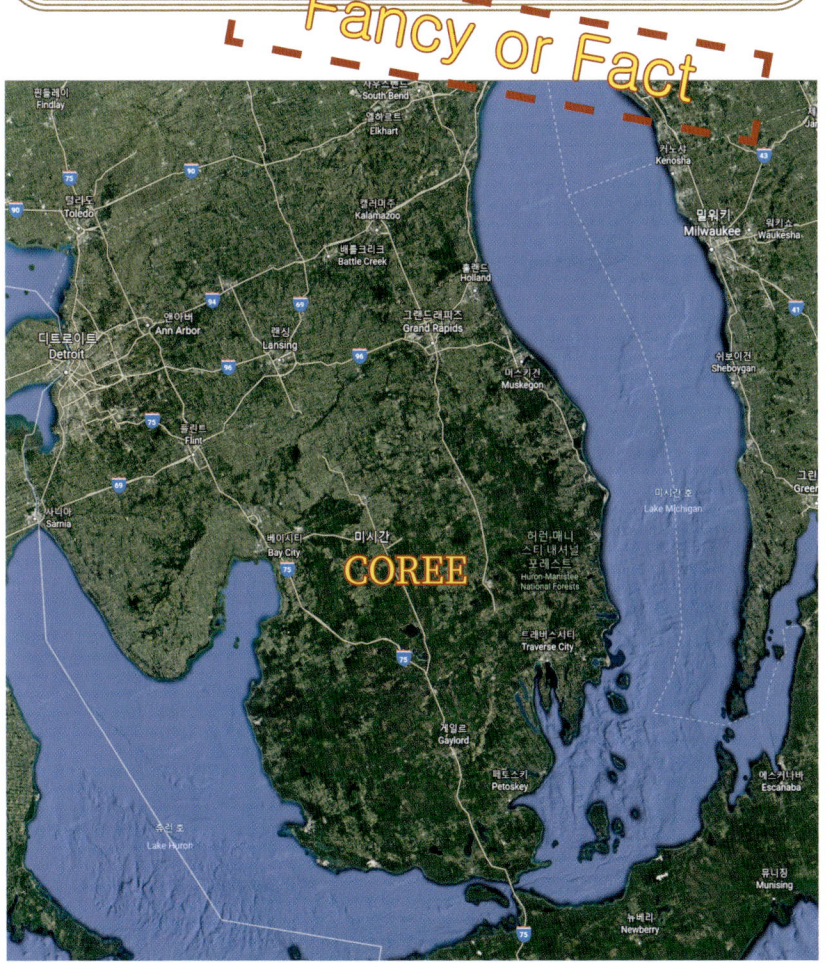

1) 미국의 COREE와 한반도 COREA

(1) 조선(Coree)은 나라 이름이 아니다.

조선과 그 이웃 나라들(Korea and Her Neighbours)은 1897년 영국 지리학자 이사벨라 버드 비숍(1831.10.15 ~ 1904.10.7)의 대표적인 기행문이다. 비숍과 같은 당시 이름난 작가들이 조선에 관한 기행문을 많이 남기고 있으므로 한반도 이외의 지역에 종묘 개념의 조선朝鮮(꼬리: Coree(중국))은 존재했다고 봐야 한다. (비숍은 한반도에 온 적이 없었다)

성공회를 움직인 거대음모조직은 전 세계역사를 조작했다.

이사벨라 버드는 영국 요크셔의 보로브리지홀(Boroubridge Hall)에서 태어났으며, 그의 집안은 캔터베리 대주교, 선교사들이 배출된 전통적인 성공회 집안이었다.

그녀는 많은 기행문을 남기고 있지만, 미스터리하게 실제로 간 곳을 찾기 어렵다. 그녀가 남긴 지명은 그들 나라 역사에 맞춰 재편집되었다.

분류: 1831년 출생 | 1904년 사망 | 영국의 지리학자 | 영국의 탐험자 | 영국의 작가 | 일본 탐험가 | 여행가 | 한국학자 | 대한제국 고종 | 중국에 거주한 영국인 | 메이지 시대의 외국인 | 잉글랜드의 여행 작가

3장 COREA 지도는 미래의 비밀코드 — 129

비숍은 중국Coree에 살았다. 그녀가 여행한 곳은 Korea이다.

조선국왕성지도朝鮮國王城之圖
왕성 뒤의 (백악)산들이 봉우리가 평평한 테이블 마운틴 같다.

오색인종이 어울려 사는 곳이 만국卍國 조선(Coree)이다.
이곳은 북미 Coree 인가?
한반도인가?

전기가 있는 시대적 배경은 한반도에서 불가능하다.
이곳은 북미 Coree 인가?
한반도인가?

산 봉우리가 평평한 테이블 마운틴

19c 부산 해관

조선은 天下이며 우주공간宇宙空間과 시공을 초월하는 개념!

'천제를 올린 상제(上帝)님이 누구인가?'라는 점이다.

그렇다. 천제님은 이 땅에 우리와 함께 살아 있는 대황제였다. 당시 대한제국은 서구열강과 더불어 대황제의 존재를 알고 있었다.

"쌤, 진짜 대황제를 본적이 있소? 달러 속의 하나님이 맞소?" '청은 왕실이지 대황제의 국가가 아니오!'

청나라는 존재하지 않는다. 한때 청 왕실에서 영 왕실의 귀족을 능욕하고 약탈했다. 이에 대황제가 진노하였고, 청 왕실의 주동자는 일본 헌병에 의해 모조리 목이 날라가고 영 왕실이 청의 권력을 이어받는다. 이와 같이 일본은 지구촌의 질서를 지키는 헌법수호자역할이다. 이러한 원리를 이용한다면, 역사기록은 조작이 가능하다.
이때 거대음모세력이 실제로 세계사를 조작하여 돈벌이수단으로 이용한 것이다.

청 왕실은 중국의 한자를 사용하는 것에 자부심을 갖고 있었다. 꼬부랑 글을 쓰는 영국을 해적이라고 천시했다.

대조선국大朝鮮國은 천하 대황제가 계신 중국中國이다.

비록 1882년 이래 한 번도 모습을 드러낸 적이 없지만, 이미 1893년 시카고만국박람회를 통해 대황제의 (달러의) 위력을 확인했다.

따라서 미국 국기의 COREA는 디죠선(大朝鮮)의 대황제는 될 수 있으나 절대로 신미양요 때 미국과 싸운 조선이나 KOREA는 아니다.

신미양요에 등장하는 Korea는 디죠선(大朝鮮)의 황실을 책임지고 관리하는 내부內府이므로 황실의 재정을 일부 책임진 것이다.

일본은 국제질서를 지키는 헌병·경찰역할이다.

그래서 대황제를 상징하는 만국기(萬國旗: 卍國旗)를 항상 휘날리는 것이다.

Anglo Japanese는 백인과 히스패닉 인디언이다. 지금 열도의 일본과 다른 종족이다.

당시 태극기를 들고 싸우는 일본군은 황제를 지키는 헌병이다.
수많은 깃발로 보아 당시 일본은 다민족 연합군이다.

만(萬:滿:卍:万:彎)국國 조선이 COREA이다.

 조선은 천지 또는 천하(天下: 上下)를 말한다. (천하) 조선은 조대朝代와 조대의 뿌리가 숨 쉬며 생동하는 곳이다. 즉 종묘宗廟가 있는 땅이다.
 훈민정음 해례에 중국은 황제가 있는 곳이라고 했다. 황제가 제사를 올리는 곳이 종묘이다.
 따라서 됴죠션(大朝鮮)은 백성을 위해 하늘에 제사를 지내는 대황제와 종묘가 있는 땅, 즉 천하 중국을 의미하는 것이다.

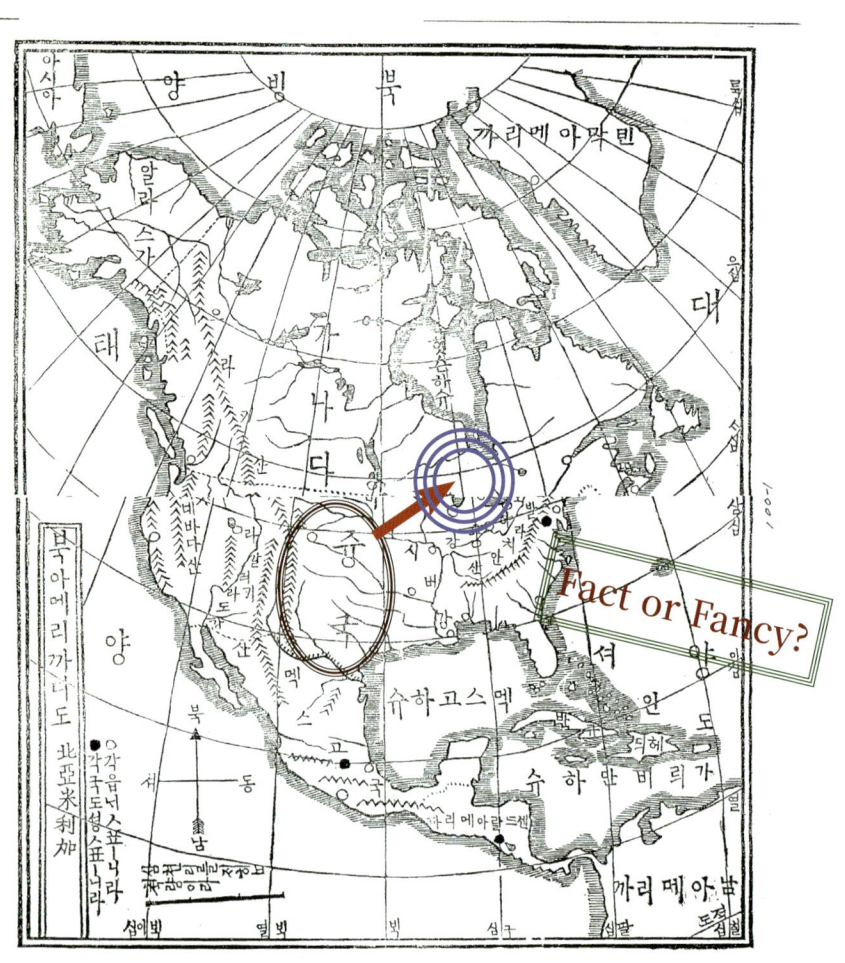

아메리카합중국이 북미대륙중앙에서 오대호로 천도를 했다.

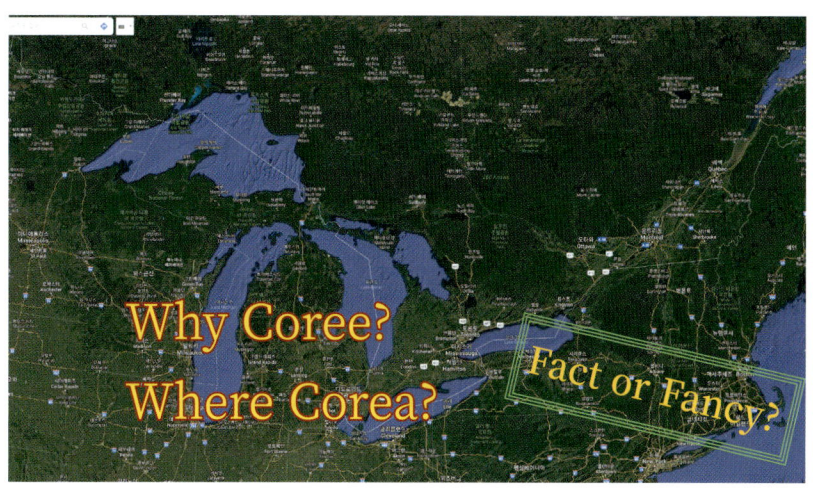

중국이 북미대륙중앙에서 오대호로 천도를 했다. 오곡백과와 만물이 생동하는 만주평원이 있는 곳이 한韓, 즉 COREE 땅이다.

COREE 어원에서 COREA가 왔다. 즉 조대의 영령이 있는 종묘(COREE)에서 제를 올리는 황제가 있는 땅이 COREA, 즉 중국이다.

그렇다면 COREE는 분명히 만주 대평원이 있는 오대호 부근에 분명히 존재한다. 그곳이 Coree 땅, 중국이고 황제가 있는 Corea이다.

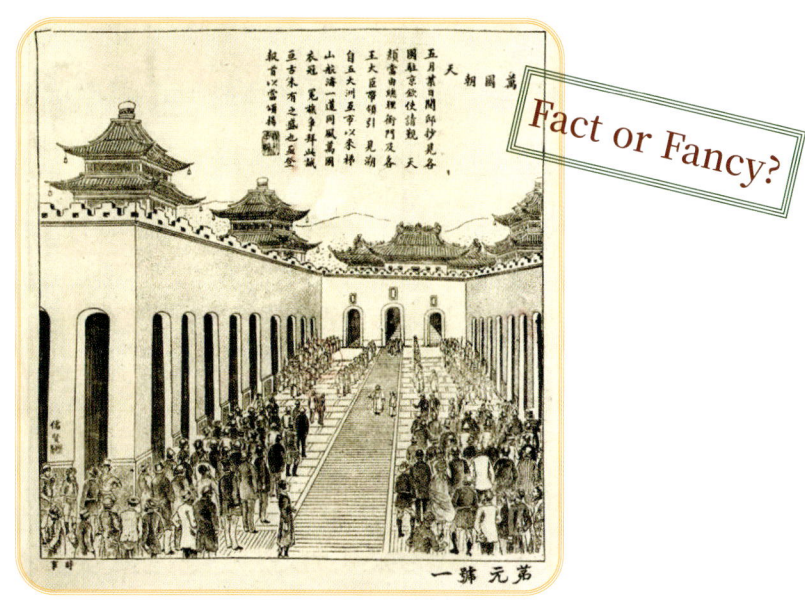

지나·조선은 대황제의 군부, 비자금, 보물이 함께한다는 뜻이다.

세계 3축의 헌병 경찰이 반역을 한 황실의 내부관리를 징계한다.
동양은 일본, 유럽은 독일, 서반구는 미국이 역할분담을 했다.

조선경성도전도朝鮮京城挑戰圖 매당樸堂 화畵
- 서울(경사 또는 한양)을 탈환하기 위해 갓을 쓴 의병들이 전투를 하고 있는 장면

일본군이 황금색 옷을 입은 양반을 소탕하고 있는 장면이다.
경성京城과 경사京師를 구별해야 한다. 경성은 서울을 보위하는 위성도시이다.
경사京師는 황제가 있는 중국을 의미한다.
남경, 북경, 한성은 절대로 역사적으로 중국의 서울이 아니다. 마오쩌둥이
IMPERIAL CHINA 의 북경北京을 경사로 만들어 중국의 서울로 포장했다.

북미가 역사적 사건 배경이다.
군인과 양반 복식은 당시 한반도 및 중공 대륙의 산업기술로 있을 수 없는 일이다.

RUSIAN EMPIRE
Anglo Japanese
CHINESE EMPIRE
Anglo Japanese
Coree
CHINA
ITALIA
COREA

오색인이 함께 제사를 지내는 곳이 만국 조선, COREE 땅이다.

태극은 황제를 상징한다. 일본은 대황제의 군부를 심판하는 헌병이다.
일본군이 반역을 한 황실의 외척과 세도가를 공격하고 있다.

현재 미국이 국제헌병경찰 역할을 하고 있다.
트럼프 대통령은 1882년 자취를 감춘 우주연합군을 재창설했다.

당시 대조공사(Anglo Japanese)는 코리아(China+Korea)와 담판을 했다.
<장소는 미시간 호 주변 도시로 추정>

대조공사청한강담판지도大鳥公使清韓江談判之圖 소국정화소國政畵 석도팔중석島八重

일日, 清청, 한韓 담판을 강에서 했다. 만일 한강韓江이라면 당시 한韓은 Corea 이다. Korea는 1897년 이후의 일이다.

조선은 나라이름이 아니라 Coree(꼬리高麗)라는 종묘개념이다.

그럼에도 불구하고 조선은 천하天下라는 개념이므로 디죠션(大朝鮮)과 혼동이 온다. 대황제는 조대의 종묘를 책임지므로 이를 위해 내부기관인 조선왕실의 역할이 중요했다.

그래서 조선 관리(내부內府)로 하여금 일부 재정을 맡겨 운영하게 했다.

이러한 대황제의 Global Heritage Fund(세계유산기금)를 악용한 유대독점금융, 코민테른, 고려공산당 등이 세상을 혼탁하게 만들었다.

거대음모세력의 이간질과 거짓 정책으로 내분이 일어나, 같은 편끼리 싸우기도 했다.

1882년이래로 대황제가 자취를 감추자 열강들의 패권다툼이 전쟁으로 이어졌다.

조선은 나라이름이 아니라 천하 조대의 영령을 모신 신성한 땅

1882, 내부의 반란(러시아, 독일, 프랑스 공산주의 등)과 외침으로 황실이 위태로웠다.

한때 CHINA가 디죠션(大朝鮮)이다.

1893년 시카고만국박람회 당시 COREA이다.

중국(디죠션)은 한자와 훈민정음을 영어(COREA)로 표기했다.

1893년, 시카고세계박람회의 코리언 47개국의 비밀 군부는 황제(In God We Trust)를 위해 싸웠다.

대조선국 우표는 만국이 사용하는 Corean의 우표이다. 이곳이 중국이고 Coree 땅이었다.

대황제가 안으로의 반란과 외부의 침략으로 인해 Coree를 떠난 것이다. 대황제(달라 속 하나님)는 백만 Corean에게 비자금을 분배하고 자취를 감춘 것이다.

만일 조선국이 있다면 종묘국이며, Korea에게 망한 것이다.

토인비 지도를 엉터리로 해석한 한반도 역사에 의하면,
KOREA(1627 - 1875)는 정묘호란(1627) 때 시작해서 운양호 사건(1875) 바로 직전에 없어지는 나라이다.

그렇다면 토인비의 KOREA(1627 - 1875)는 조선과 공존해 온 것이고, 조선은 1897년 국호를 대한제국(IMPERIAL KOREA)으로 바꾼 후 일제에 의해 1910년에 망한 나라가 된다. 그러나 이러한 역사는 북미에서 일어난 사건이다.

Corea가 한반도로 왔다. 대황제의 행차를 예정한 것이다.

고조선古朝鮮이란 대황제가 있는 COREA 연방이다.

노란색 부분이 Corea연방이다.

그러나

Peckng(북경)을 경사京師로 만들고 한양을 Hancheng(한성)으로 조작하여 역사를 날조했다.

한양 또는 서울이 있는 곳이 Corea의 중심이다.
즉 중국(Von China)이다.

결국

미래는 Corea로 나아간다!

조선은 나라이름이 아니라 천하 조대의 영령을 모신 신성한 땅

Corea가 사라지자 세도가들이 New Town을 만들어 왕처럼 군림했다.

그들만이 사용하는 화폐는 유대독점금융과 결탁하면서 신무기로 무장한 사병까지 운용했다.

그 후 산업혁명시기에 이들은 오대호에서 벗어나 대서양으로 진출했다.

이들의 농장노동자는 공장노동자로 전환됐다. 이들은 노동조합과 협동조합을 만들어 노사관계를 저울질하며 새로운 현대판 노예제를 창출했다.

이와 같이 작은 공화국들이 이권으로 결합하면서 로마제국처럼 법위에 군림하는 국제금융조직으로 비대해져갔다. 군대와 관료체제를 갖춘 New Country는 왕실과 귀족을 끌어들여 반역을 도모하며 황권에 대항했다.

대황제(하나님: In God We trust)에 대한 반역이었다.

마침내 이들은 종교까지 끌어들이며 하늘을 조롱했다.

조선朝鮮, COREE(꼬리,高麗)

COREE(朝鮮)가 저물면 다음(亞)은 COREA가 나타난다.

각 나라 범위에 군림하던 거대음모조직은 1950년 제3차 대전을 계기로 최대의 전성기를 맞이했으며, 1960년대를 정점으로 1980년대까지 피크였다.

하지만 그들이 항상 두려워하던 보이지 않는 손이 모습을 드러냈다.

2,000년대에 들어서자 그들이 갖고 있는 달러와 금이 꽁지 돈에 불과하며 그마저 쓸 수 없는 고철과 휴지조각이라는 것을 비로소 실감했다.

2010년대에 이르자 바티칸 지하의 금은 무용지물이 되고 로스차일드 가문의 수장도 자살을 했다.

2022년, 거대음모세력이 마지막 아마겟돈 전쟁을 끝내며 비명을 질렀다.

찌이익 찍직!

By the Grace of God I am Who I am.

(2) 시카고와 조선(Coree: 高麗)은 먼 거리가 아니다.

디죠션 大朝鮮

출처: 미시간 주립대학교 지리학과

Coree(朝鮮)를 중심에 놓고 근현대전이 일어난 것은 사실이다.

중국은 대황제가 계신 곳이다. 대황제는 군부와 세상의 보물을 지니고 움직인다. 1882년 내부의 반란과 외부의 침략으로 대황제는 자취를 감추었다.

2020년, 대황제(하나님: In God, We trust)는 인류미래를 위해 과학과 예술로 새로운 세상을 열게 했다.

황제는 장차 꼬리(조선朝鮮: 종묘 땅: 고려高麗)에서 나타난다.

'Coree' 반도는 하나님(In God We trust)이 선택한 조선朝鮮

동양 최초로 전기가 들어온 경복궁, 건청궁(에디슨 연구소에서 발전소를 설치했다)

조선(Coree)왕실이 대황제의 내부內府 재정(국제자금)을 담당했다. 국제금융의 주체세력, 코리언이 세상을 움직인다.

북미 조선(Coree)왕실이 대황제의 내부內府 재정을 담당하므로 국제자금을 많이 지니고 있다고 생각했으나, CHINESE EMPIRE(영연방)나 러시아제국 또는 코민테른(국제공산당)의 세력이 더 강했다.

왜 그렇게 됐을까?

그렇다. 북미 코리아제국(Korea Empire)의 분열이 주원인이었다.

Manchukuo joining the Anti-Comintern Pact (March 1939)

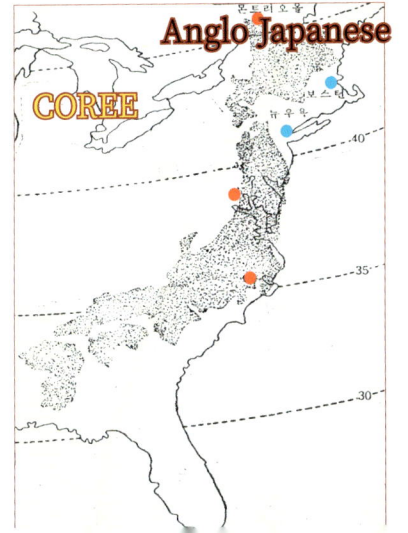

소련과 만주국 사이에 존재했던 유태인 자치구의 정체는?

-Rothschild, Rockefeller, Lenin and The Nobel Brothers

손문에 이어 장개석이 황제의 보물을 일부 관리했다.

당시 손문은 뉴욕의 중국중앙은행과 관련된 국제자금을 관리하고 있었다.
"천하위공天下爲公"
* 여기서 위공爲公이란 황제(In God We trust)를 위한다는 의미이다.

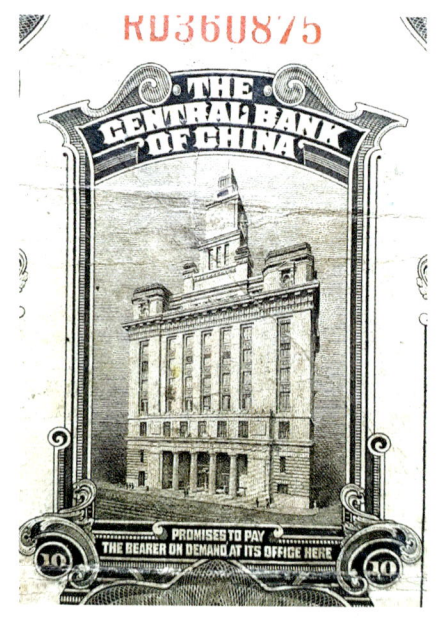

　동아일보 창간호에 쑨원(孫文)의 '천하위공(天下爲公)'이란 휘호를 비롯하여 국제명사 20여 명의 휘호를 게재했다.

　당시 동아, 조선일보 등이 북미에 있었다.

　'천하위공天下爲公'에서 위공爲公이란 황제(In God We trust)를 위해 충성을 다한다는 의미이다.

'딕죠션' 문화와 역사는 지구촌 곳곳에 남아있다_ 5, 7 문양

절 만卍(German)은 대황제를 상징한다. 卐(하켄크로이츠)은 나치독일의 상징이나 원래 대황제를 뜻한다. 미 의회 문양에도 있다.

황실 디자인

미 의회 좌석에 남아있는 대황제 문양, 5 7

미 의회 의자 문양과 사진의 도자기 문양이 일치한다. 이것은 '대황제'의 상징문자이며 봉황의 상징 부호이다.

미래인류가 나아갈 예술작품에 이러한 문양이 많다. 이미 만들어진 예술품들이다. 인류미래는 예정되어 있다.

미래예술은 이미 과학과 더불어 완성되어 있다.

대황제가 있는 Coree 국國을 Corea(Von China)라고 한다.

영연방(Chinese Empire)

CHINESE EMPIRE

Anglo Japanese는 백인과 히스패닉 인디언이다. 지금 열도의 일본과 다른 종족이다.

원래 China는 황제가 계신 중국이다. 지금 아시아의 중공은 중국이 아니라 지나支那이다.

원래 천하 조선朝鮮이 중국(Coree)이다.

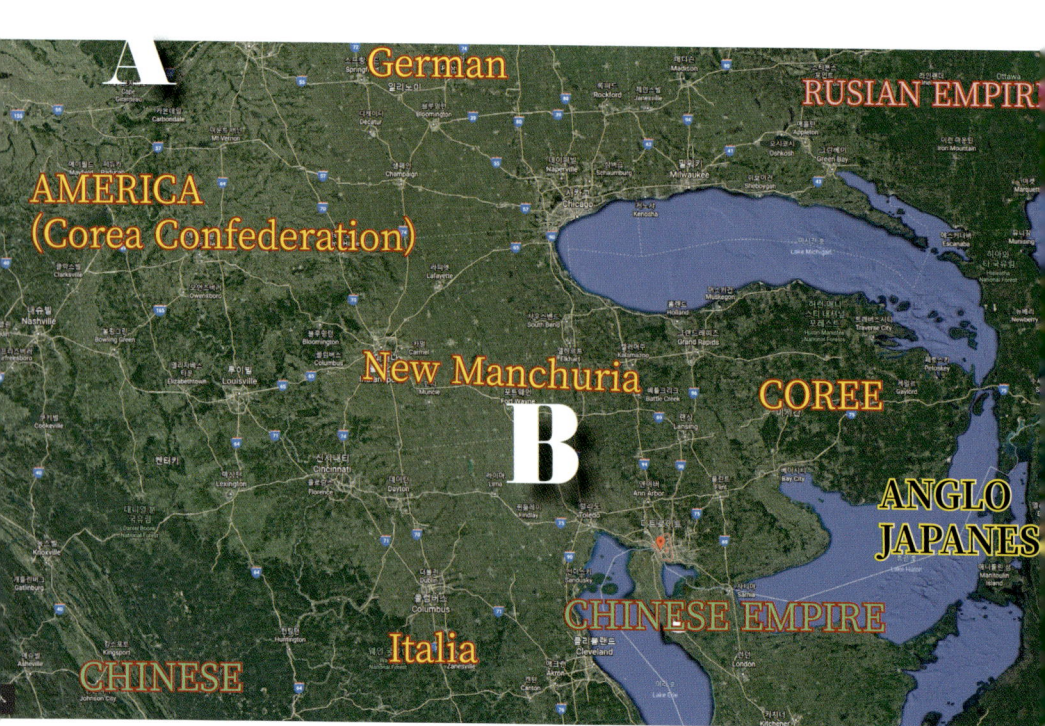

일본, 미국, 독일은 Von(本)CHINA를 위해 국제질서를 지킨다.

관동대진때(1923.9) 미국은 일본을 위해 구호활동을 벌였다. 미국과 일본은 대황제를 보위하는 Corea의 군부이다.

Where CoreA?

영연방(Chinese Empire)과 국제질서를 지키는 일본이 러시아 제국의 심판아래 중국(Coree) 내부의 관리인(Korean)을 반역죄인 취급하며 대황제(하나님: Corea)의 행방을 취조하고 있는 의미심장한 만평이다.

니콜라이와 그의 가족들은 1918년 총살형을 당했다. 시신은 북경(북미 옛 뉴욕 주로 추정)으로 갔다.

사후 무려 73년이라는 시간이 흘러, 소련이 해체되었고 러시아 연방이 들어서면서 1991년 니콜라이 2세와 그의 직계가족들은 순교자로서 러시아 정교회의 성인으로 시성되었다.

(3) 대황제는 내부 반란과 외부침략으로 위기에 처한다.

조선朝鮮(Coree)에 꼬리를 물고 하나님(대황제: CoreA)이 나타난다.

아! 랜싱이 불타는구나! 트로이여... 트로이여..

일본과 서독 군부가 끝까지 추적하여 소탕한 Korean은 유대독점금융세력과 결탁하여 대황제를 배신한 세도가 잔당들이다. 이들은 파란마왕의 계략에 속아 2021년까지 황제에게 대항하며 지하투쟁을 계속해왔다.

Korean 중에 내부 반란이 있었다.

대황제의 씨를 말리려는 악의 축이 존재했으나 박멸되고 있다.

세계그림자정부는 각국의 정치가와 학자를 이용해 역사를 날조했다. 잘못된 역사는 겨레의 DNA 지도를 바꾼다.

바야흐로 소련, 중공, 동구권도 무너졌다. 그럼에도 불구하고 인류의 파멸자 파란마왕이 끝까지 살아남은 곳이 한반도이다.

파란마왕의 생명력은 날조된 중국中國 역사에서 비롯됐다.

중공은 문화혁명 기간에 어린 홍위병을 이용하여 전국을 돌며 지식인, 지주계층, 마오쩌둥의 반대 세력, 특히 해외에서 이주해온 왕실 및 황실계층을 중심으로 대대적인 숙청을 했다. 부모, 친척, 어른도 모두 동무라고 칭했다.

홍위병에게 착취를 당하는 황실가족을 그린 풍자화!

중공 문화혁명(문혁)의 10년 동란과 남한의 화전정리사업 10년 개혁은 똑같이 1976년에 끝났다.

한반도 고산지대는 폭파로 사라진 뭔가 비밀이 있다.

화전火田은 봉황을 상징하는 첨단 농경으로 재평가해야 한다.

일제 때 화전火田 정리 사업은 화전민의 농법을 전국으로 확대보급하기 위한 측면이 있다. 동양척식회사는 숙달된 화전민을 우대했으며 영농기술과 씨종자 개량기술을 전국에 보급하기 위한 식량증산 사업의 일환이었다.

화전민은 한반도 농업발전을 위한 황실의 아방가르드였다.

하지만 5.16혁명 후 화전민은 중공의 마오쩌둥의 문화혁명(1966-1976)처럼 화전민 정리 10개년 계획에 의해 사라지고 말았다.

전 세계 화전의 후예들이 아리랑을 부르며 코리아를 외치고 있다.

원래 China는 황제의 보물을 지키는 군부이다. 지금 아시아의 중공은 중국이 아니라 지나支那이다.

이것을 알고 있는 해외이주민과 지식인의 씨알을 격리하라!

중공 동부 산악지대는 강제노역으로 평지가 되었다.

우연인지는 몰라도 마오쩌둥의 문화혁명(1966-1976)과 5.16 정치세력의 화전민정리 사업(1960s-1976)이 일치하고 있다.

문화혁명은 중화인민공화국의 사상 정화 운동을 표방하고 있지만 실은 황실의 씨를 말리고 황제의 보물을 탈취하려고 했고, 화전정리 10개년계획도 이와 다름이 아니다.

초창기 화전민은 대부분 농업전문기술을 지닌 황실과 내부內府 사람들이었다. 따라서 두 나라 정치세력의 배후에는 정치이념을 초월하여 이들을 조정하는 설계자가 있는 것이다.

애니깽은 멕시코 한인 1세들의 별칭이다. 100여 년 전 한반도에서 다시 남미로 쫓겨난 화전火田의 후예는 코리언으로 살아남아 아리랑을 부르고 있다.

1900년 초 한반도 모습에 관한 국제 아카이브 자료가 많다.

러일전쟁은 장차 이 땅에 올 황제를 위한 전쟁놀이(봉황잔치)!

호랭이(도라)는 거대 국제자금이다.

메롱~ 까꿍! 휘이~ 도라~도라~

일본관동군은 오색인종이다. 전쟁당시 젊은이들은 군인이 선망의 대상이다. 군인이 되면 자신은 물론 가족의 생계까지 해결됐다. 아이러니하게도 러일전쟁 당시 일본관동군에는 러시아인이 많았다. 따라서 Anglo Japanese는 다인종 다문화국가이다.

북미 중국이 천도를 위해 주변의 시선을 딴 곳으로 돌리게 했다. 황제가 천도를 하면 지구촌 군부와 보물이 동시에 움직인다. 사라진 한반도 초기역사 자료를 복원하면 만사형통이다.

수상한 시뮬레이션 War_하늘의 보물 수송 작전 發發!

한반도에 북미에서 온 중국인, 역사와 문화가 존재한다.

북미 미시간 주, Coree(조선)는 한때 중화민국 사령탑이다.

오색인종의
지구촌

한반도에는 가마문화가 없었다. 북미 Coree 문화이다.
그렇지 않다면, 감춰진 역사가 따로 있다. 북미에서 온 중국인 역사와 문화가 있었다.
1900년 전후로 한반도와 중공 대륙 동부는 장차 올 하나님(In God We trust)을 위한 성역 즉 古朝鮮(고조선)이다.
특히 한반도는 예수 제를 올리는 돈의 주인 땅이다. 지금은 화폐경제시대이다.

조선은 나라이름이 아니라 천하 조대의 영령을 모신 신성한 땅

황제의 '종묘행차도'로 보아도 손색없는 황실의 작품이다. 황실의 관리는 우리가 흔히 알고 있는 조선 관리의 모습이다. 그러나 Ai는 명, 청을 없던 왕조라고 한다. 역사는 과거가 아니라 미래라고 말한다. ──▶ 청명상하도清明上下圖 참조요망

북미 태평양 연안에 현재 남아있는 옛 Coree 사람들의 전통 고래잡이 풍경!

한인韓人(Coree 백성)은 원래 Corean(중국인)이다. Korean 은 Coree 땅에 사는 선민鮮民이며 일부는 내부內府 관리이다.

북미? 1900, 한반도 군인, 추정

황실형제

미시간,랜싱
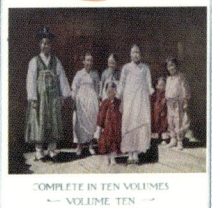

한반도 화전

지나조선인(중국인)이 이주해 온 불꽃(山)마을에 전쟁 및 사회 혼란을 틈타(만주사변, 2차대전 6.25, 4.19, 5.18 등) 중공 홍군들이 꽹가리를 치고 피리를 불며 내려와 산불, 방화, 부녀자폭행, 화전민을 살해하며 중국인의 씨알을 훼손했다.

황제를 맞이하기 위해 극동아시아에 온 '디죠션(大朝鮮)' 황국 백성은 공산당과 세계음모 설계자에 의해 초토화 됐다.

화전火田 농법은 자연환경, 토양보전, 종자개량, 우량축산, 첨단기술, 출산장려, 여성태교환경, 자연의학 등을 고려한다.

화전농지 10개년계획(1966_1976)에 의해 화전민은 말살되었다. 그들의 직업은 중화요식업이 대부분이었다. 일부는 화교로 전락했고 저항하는 조선인은 해외로 역 추방되었다.

조선은 나라이름이 아니라 천하 조대의 영령을 모신 신성한 땅

A LADY OK CHO-SKN
SEOUL, THE CAPITAL OF KOREA

1900년, 한반도에 전봇대가 있고, 전동차가 다녔다면 역사를 다시 써야 한다?

1900, 전기 또는 가스등으로 추정, 북미? 또는 한반도? 조선인은 히잡을쓴 회교도?

문헌고증과 시대적 배경으로 본 역사! 무엇이 진실인가?

북미? 또는 한반도?, Coree(조선)의 진실?

'더죠션大朝鮮'(Corea)은 사라지고, Korean Empire가 남아 전쟁을 했었다.

1834년 북미 Berlin에 전기가 들어옴

CHINESE EMPIRE(영연방)은 북경에 천안문, 한반도에 독립문을 비롯한 8만 9암자의 절(卍)을 세웠다.

천안문과 독립문(청와대)이 함께 열리는 날, 대황제의 역사는 이미 시작되었다.

천하 조선(Coree) 팔도에 산스크리트어(조선팔도 사투리)를 사용하는 오색 인종이 모여 살았다. 천하조선은 중국이다.

중국이란 황제가 있는 강남이며, 나랏말씀이 듕귁中國에 달라 훈민정음을 창제하여 금문(金文: 漢文)의 표준음을 만들어 서로 소통하게 했다.

그렇다. 장차 한반도에 나타날 'Corea(In God We Trust) 역사'를 없애고 화전민火田民을 말살한 자가 역사에 반역을 했다.

그렇다면 양자역학 원리로 만든 현대판 팔각정은 어디에 있는가?

그렇다. 제국주의시절 북미에 유럽중앙본부(왕국)가 있었다.

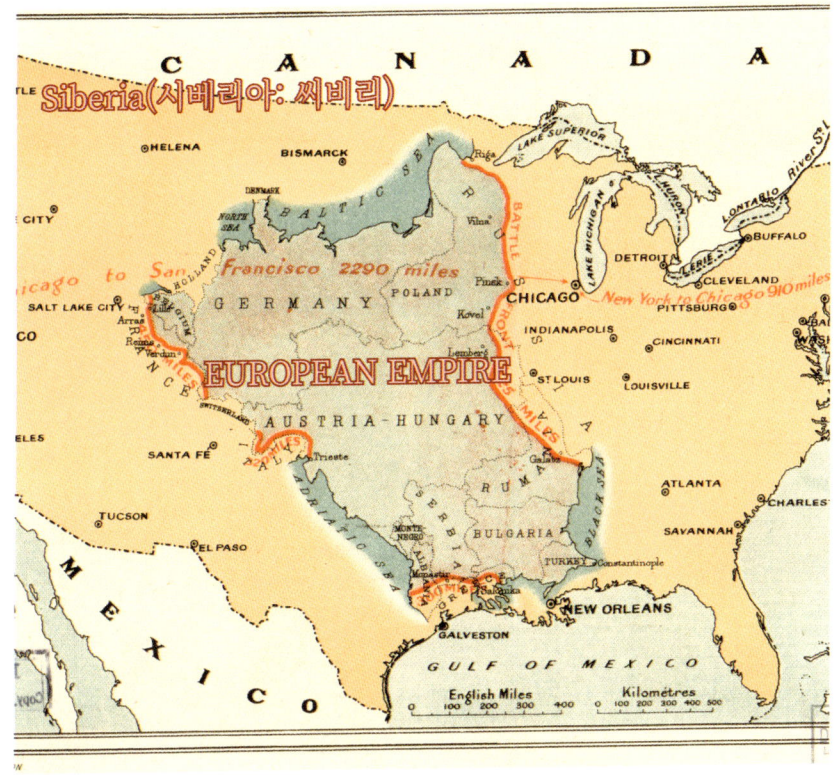

미국에서 대서양과 태평양을 잇는 첫 대륙횡단철도는 6년간의 공사를 거쳐 1869년 완공되었다. 당시 유럽인에게는 무료였다.

한편 시베리아 철도(캐나다 횡단열차)를 건설하는 안은 모스크바-상트페테르부르크 철도가 완성된 후인 1859년에 이미 생겨났다.

현재 시베리아 횡단 철도(및 구 노선)와 바이칼-아무르 철도건설 역사는 마치 제국주의시절 북미대륙의 대륙 간 횡단철도와 유사하다.

그렇다. 제국주의시절 북미에 유럽이 있었다.

2020 이후 군부(우주연합군)가 세계질서를 잡고 있다. 인류미래는 종교, 정치, 경제 등이 새로운 문화·예술로 통합·재편성되어 새로운 시대를 예고하고 있는 것이다.

2) 1893년 시카고 세계박람회

(1) 5대호 지역은 근현대문명의 중심지이다

- 코끼리 토템과 태극을 상징하는 COREA 연방이다.

COREA Federation

근현대를 전후로 모든 전쟁과 종교분쟁은 5대호 주변에서 발생한 일이다.

시카고와 상하이(뉴욕 지구) 열차노선을 보면 군수물자의 수송로를 짐작할 수 있다.

이와 같이 교통지도는 바로 군사지도와 다름이 아니다.

1882년 이후, 레퓨지(Refuge)에 머물던 난민들이 고향을 버리고 5대호 주변의 군부 사령부와 함께 뿔뿔이 흩어지는 것이다.

1882년 사라졌던 Corea는 1893년 딕죠션으로 잠시 나타났다.

Freedom(자유), Federation(연방), Faternity(개성-이념)은 미래의 방향이다.

'딕죠션(大朝鮮)' 대황제는 비(밀)자금과 함께 움직인다.

미래 인류를 위한 보물이 이미 만들어져 달러로 'Deposit 되어 있다.

영연방이 아시아에서 차이니즈 엠파이어(CHINESE EMPIRE)로 나타난다. 한때 러시아 제국과 치킨게임에서 승리한 영연방이 중국군벌을 지배하며 유라시아 대륙을 중화민국으로 통합·관리한다.

유럽문화의 원류는 북미의 아르 누보(Art Nouveau) 양식!

한편 세인트 루이스 도시 건축양식은 황실을 모방한 '아르 누보' 미술이다.

대황제가 모습을 감추자 황실을 모방한 왕실 귀족들 사이에 신경향의 미술양식이 유행하였다.

아르 누보(Art Nouveau)의 15년간의 전성기(1890-1905)는 유럽 전역을 강하게 휩쓸었고, 후기 아르누보, 일명 **시카고미술양식**의 영향력은 전 세계적이었다. 이것은 지역적인 특성에 따라 다양한 방식으로 퍼져나갔다.

(이시기에 미국의 부유한 상류층이 유럽 및 전 세계로 빠져나갔다)

봉황 디자인 안에 St.Loui

아르 누보(Art Nouveau)는 원래 20세기 초에 성행했던 북미유럽의 예술 사조이며, 미국을 떠난 지금의 유럽에서 귀족과 서민들 사이에 유행한 건축양식이 되었다.

Capital of VON CHINA

IN '93.

POPULATION 1893 550,000.

황제라는 뜻이다.

● 아르누보 미술이 최고조를 이룬 시기는 20세기 전후 (1890~1905)이며 북미 유럽에서 성행하였다.

COREA Federation

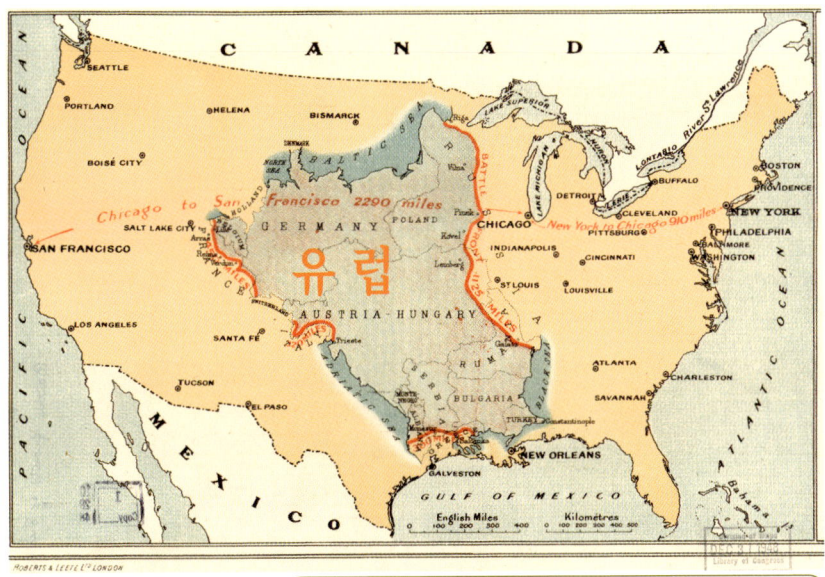

'후기 아르누보' 양식의 시계 디자인은 시카고의 진짜주인이 누구인지 암시하고 있다.

'아르 누보' 미술이 최고조에 이른 시기는 20세기 전후(1890~1905)이다.
후기 아르누보, 일명 시카고미술양식은 "새로운 첨단미술"을 뜻한다.
그렇다. 누군가의 인류미래 프로젝트는 이미 실현중이다.

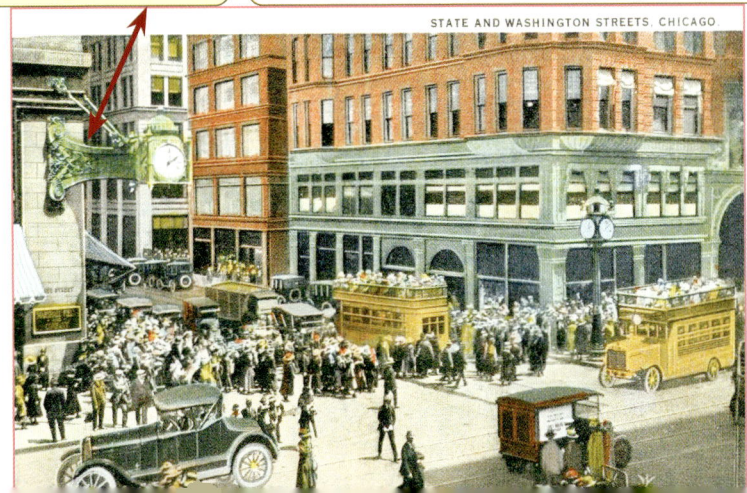

세계문화는 중화민국으로부터 온다. 미시간 주의 Coree이다.

> 돈이 안 생기는 일에 목숨을 걸고 평생 장인생활을 하는 유전자 인간은 Coree 사람이 유일하다. 그들의 대답은 한결같다. '하나님(In God)을 찬양하는 일을 하노라!'

(2) World's Columbian Exposition - 만국 박람회

1893년 시카고 세계만국박람회에 대황제가 잠시 모습을 드러냈다.
디죠션(大朝鮮)의 태극이었다.

1893년 타코마 통신은 세계정보의 중심에 있다.

1893년 시카고세계박람회 엠블럼의 디죠션은 von CHINA이다

나비(NAVI)는 임신한 새댁이며, 황제의 엄마(×: 5)를 상징한다. 즉 5는 조대(朝代: Coree), 7은 황제이다.

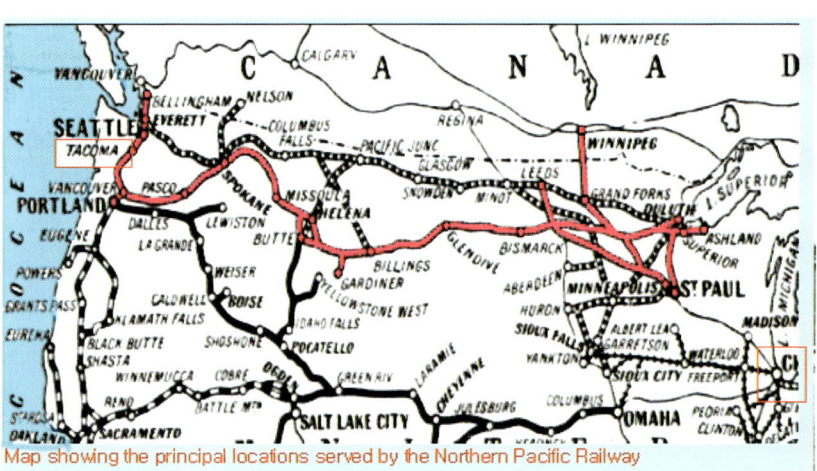

시카고 컬럼비아 세계박람회(1893.5.1.- 10.30)는 컬럼버스(Christpher Columbus)의 아메리카 발견 400주년을 기리기 위한 세계박람회였다.

방문자 수는 4,000만 명 가까이 기록했으며, 약 2,800만 달러의 경비를 들여 흑자를 냈다. 그러나 진실은 "대조선(Corea)이 주최한 세계박람회"이다.

아메리카 팔각정

박람회 중앙건물 옆 팔각정 모습이다. 딕죠션의 건축양식이다.

클리블랜드 대통령은 각국의 참가자들을 방문하였다. 각국 대원들은 고유의 의상을 입고 클리블랜드 대통령을 맞이하였다.

47개국 대원들은 미국 전시관 앞에서 대통령과 최종 담소를 나눈 후 모두 중앙 홀에 모였다.

딕죠션 악공들의 연주를 듣기 위해서였다.

대통령이 워싱턴에서 버튼을 눌렀다고 한다.

1893년 시카고세계박람회 엠블럼의 됴죠션은 von CHINA이다

됴죠션은 콜럼비아 세계박람회에서 조선의 어전법악御前法樂(황실에서 연주하는 전통음악)을 연주하였는데 한국(COREA) 전시관을 방문한 미국 클리블랜드 대통령과 측근들은 생소한 동양의 음악에 매료되었다. 동서양을 막론하고 누구도 들을 수 없던 황풍악이었다.

당시 됴죠션大朝鮮이 박람회 측에 기증을 한 악기들은 전통적인 중국 악기들이었다. 됴죠션의 궁중宮中 음악을 중국中國 음악이라고 한다.

중국이란 황제가 계신 강남을 뜻한다. 즉 서울이다.

47개 나라 대표에게 만찬을 열어 대황제의 존재를 알렸다.

    시카고만국박람회 당시 대황제께서 47개국 주요 인사 100명을 초청하여 시카고 오디토리엄(Auditorium)호텔 뷔페에 초대한다. 그들은 이구동성으로 가장 비싼 연어요리를 먹었던 일을 회상했다.

봉황 디자인은 대황제 축(Hub)에서 남긴 미래의 상징이다.

2013년 미국 시카고 필드 박물관에서 개최한 시카고 만국박람회 120주년 기념식에 한국을 초청하지 않았다. 그 이유를 추론하라!
역사는 내가 누구인가를 생각하는데서 시작한다.

세계 그림자조직은 각국의 정치가와 학자를 이용해 역사를 날조한다. 역사는 민족의 영혼이므로 잘못된 역사는 겨레의 DNA 지도를 바꾼다.
바야흐로 마지막 때에 중공도 동구권도 무너졌다. 그럼에도 불구하고 파란마왕이 끝까지 살아남을 터는 역사가 잘못된 곳이다. 한반도는 소돔과 고모라로 변했다.

1893년 이전의 미시간 주는 이미 대화재를 여러 번 겪고 있다.

시카고는 여러 번 불타며 국제 마피아의 도시로 악명을 떨친다. 러시아 마피아, 야쿠자(일본), 삼합회(China), 이탈리아 마피아 등이 시카고를 비롯한 미 대도시 지하경제를 장악한다.

특히 시카고 **코리언의 흑색 공포단(일명: 초콜릿 강도단)**은 국제 아나키스트의 연합조직으로 국제자금책과 연결되어 있었다.

1893, 만국박람회가 끝난 후, 박람회장에 대화재가 발생했다. 그리고 11월, 시장이 저격을 당했으며 시카고는 또다시 국제범죄자의 도시가 되어 혼란에 빠진다.

1893년 시카고세계박람회 엠블럼의 디죠션은 von CHINA이다

1893년 시카고 화재 당시 이미 미시간 주 랜싱은 초토화되고 있는 중이다.

> 1893, 1931, 1948, 잠시 모습을 드러낸 대황제의 존재는 다시 수면 아래로 잠적한다.
> 그 후 지구촌이 대혼란에 빠져 인류의 고통이 극에 다다르자, 이미 예정된 인류 최후의 아마겟돈 전쟁을 치루는 것이다.
>
> - AI 예측 보고서

1893년 시카고 세계박람회의 됴션은 COREA이다

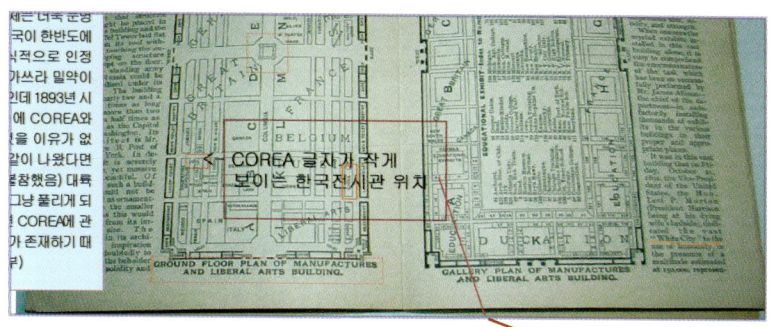

'개인 소장 설계도면에 COREA가 뚜렷'하다는 기사! (출처가 불확실함) CHINA는 결코 당시 박람회 공식 명칭이 아니었다.

그럼에도 불구하고 미국 측은 됴션의 명칭으로 Corea와 China를 같이 사용했다. 왜 그랬을까?

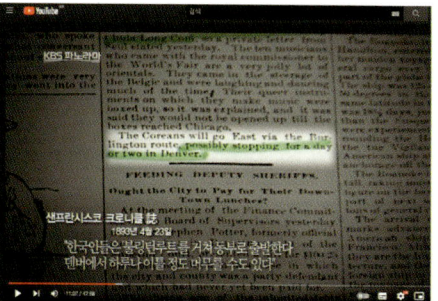

신문기사, 잡지 등에서 박람회에 참석한 사람은 Corean이다.

미국 콜럼비아 세계박람회에는 총 47개 국이 참가하였고 분명히 청나라는 불참하였다. 그런데 47개 참가국 제품전시관 배치도를 보면 한국명은 보이지 않고 차이나(CHINA)라는 국명은 분명히 보이고 있었다.
그렇다. 청나라는 없었다. 청 왕실이었다. 나라개념이 구체화되는 것은 1919년 미 윌슨 대통령의 민족자결주의 주창 이후의 일이다. 당시 박람회 주최측에서 됴션의 국호를 'COREA' 또는 'CHINA'라고 표기한 것이다.

극동아시아로 Corea가 오면, China는 대황제를 보위하는 군부가 된다. 이것이 천법도天法道이다.

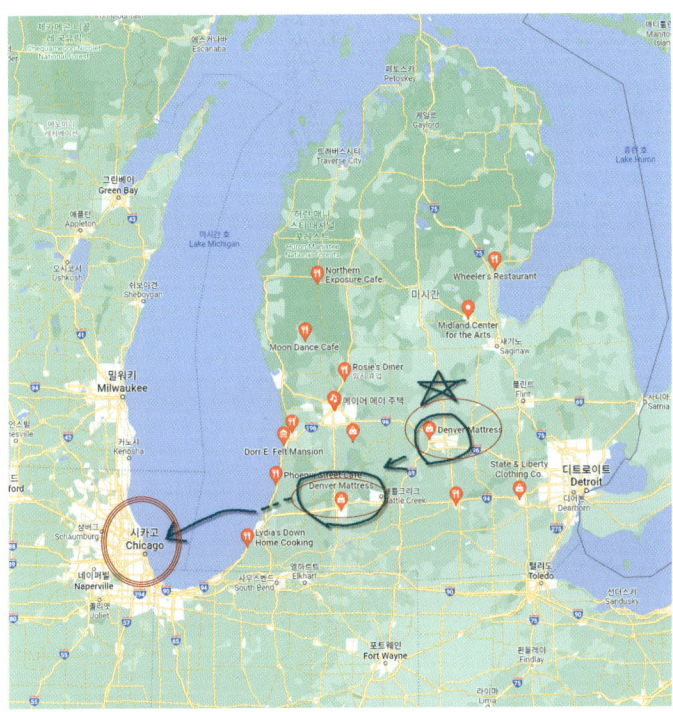

신문기사, 잡지 등 기록에서 옛 지명 Burlington, Denver … Holland의 어원을 미시간 주에서 찾을 수 있다.
이곳의 한자漢字 지명이 대륙 전체로 많이 퍼졌다.

이봐, COREA는 다른 한반도로 이주했어! 여긴 흔적일 뿐이야! 그만 싸우고 보물을 찾아 떠나자!

Where Corea?

독일은 대황제의 철십자 호위대이며 일본은 국제질서를 지킨다.

시카고만국박람회는 내부內府인 Korea왕실에서 총괄했으며 China는 대황제를 보위하는 군부였다. British China, French China는 그때까지 Chinese Empire의 일원이었다.

훗날 내부의 반란으로 이들도 우왕좌왕 흩어졌다.

도대체 반란의 주모자는 누구인가? 독일과 일본은 반역자를 찾기 위해 비밀 정보부를 조직하여 각 지역에 파견하였다. 1948년 이후 현대판 **모사드**가 국제금융범죄자(달러사범)를 추적하는 세계비밀조직이다.

조선경성도전도朝鮮京城挑戰圖 매당樣堂 화畵
- 서울(경사 또는 한양)을 탈환하기 위해 갓을 쓴 의병들이 전투를 하고 있는 장면

도플겡어(doppelgänger)라는 낱말은 독일어 Doppelgänger에서 온 외래어로서, 둘을 뜻하는 Doppel과 걷는 사람을 뜻하는 Gänger으로 구성된다. 하나님(In God)과 우리(We Trust)는 함께 길을 걷는 사람이다. _ 황제(In God We Trust)

19세기, 아메리카에서 현재 유럽으로 이주해간 귀족들이 후기 아르누보 미술양식을 발전시켰다. 그래서 황실을 모방한 '아르 누보' 양식이 유럽에서 유행한 것이다. 하지만 예술의 나라 프랑스공산당은 황실을 배반한 패거리들이며 음모세력의 하수인이 되어 세상을 오염시켰다.

갓을 쓴 코리언을 쥐 잡듯이 하는 독일병정 이야기! Fact?

제2차 세계대전(Second World War, WWII: 1939-1945)은 크게 서부 전선, 동부 전선과 태평양 전쟁으로 구분할 수 있다. 이외에도 아메리카, 오세아니아, 아프리카, 중동, 대서양 해역과 인도양 해역 등에서 벌어진 기타 하위 전선도 제2차 세계 대전의 전역에 포함된다. - 위키 백과

유대인?

German : Korean

카툰(만화)의 배경이 된 곳은 미시간 주이다. 당시 뉴스거리는 황실 주변에 관한 기사가 많았고, 항상 도시가 불타므로 불구경을 좋아하는 코리언의 정서와 맞아떨어졌다.

하나님(In God We trust) 상징

Germany asked the question. "Where is COREA?"

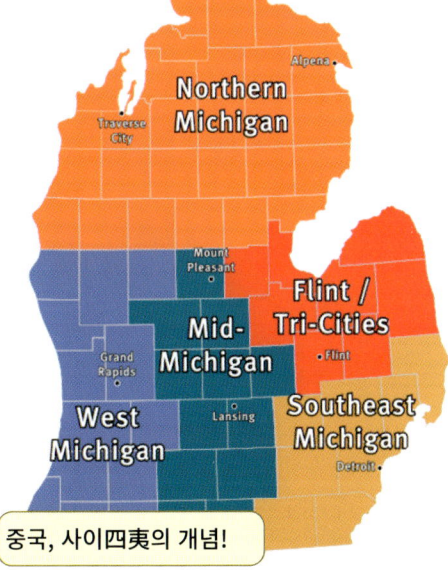

중국, 사이四夷의 개념!

유대인이 숭상하는 닭의 원형이 봉황(하나님: 대황제))이다.

엄마가 유대인이면 모두 유대인!

유대인(酉大人)은 문화적으로 새를 숭상하는 조이鳥夷족의 갈래이다. 조이鳥夷족은 조선朝鮮인이며 조선인은 종묘宗廟를 지키는 황실의 묘예苗裔이다. 종묘에는 조대朝代의 신위를 모시는데, 미래 인류의 '대황제' 토템이 봉황이다.

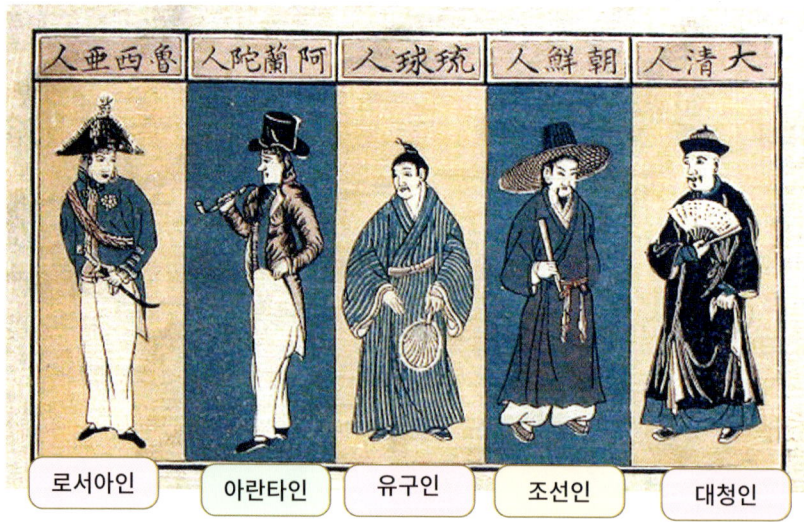

로서아인   아란타인   유구인   조선인   대청인

화폐경제시대, 대황제(In God We trust)의 토템이 봉황이다. 그러나 유대인은 우리와 함께 길을 걷는 (살아있는) 하나님을 부정하고 있다.
메시아(In God, We trust)는 우리와 함께 이 땅에 역사한다.

Corean 중에 솟대를 세우는 유대인이 많다.

1948년 5월 14일, 이스라엘은 영국의 위임통치 종료와 함께 독립이 되었다.

어랍(Arab)쇼, 또 속은거야?

도대체 달러의 주인이 누구냐?

도대체 지구촌 달러의 주인이 누구냐?

양차대전 이후 전 세계 금은 달러와 연동되어 있다. 금을 A1, 달러를 B1이라고 하여 서로 묶어 놓았다. 즉 달러로 Deposit(보증)되어 있지 않은 금은 A1이 아니므로 일부 특수용도를 제외하면 고철덩어리나 다름이 없다. 달러도 이와 마찬가지이다.

그렇다. 금은 화폐등록소에서 달러와 Deposit(보증)되어 금(A1), 달러(B1)가 연계되어야 진짜 금(A1)으로 거듭나는 것이다.

화폐경제시대에 B1(달러)은 A1(금)으로 Deposit(보증)되어 있다. 각 나라의 중앙은행은 A1(에이 원)을 보유하는데 국제신용이 없거나 국제금융에서 여신이 없는 나라는 A1(금)이 없으므로 B1(달러)로 결제하는 화폐경제시대에서 소외되는 것이다.

필자가 말하는 황제는 달러속의 'In God We trust'이다

　예를 들어 미얀마를 비롯한 동남아시아, 아프리카, 남미 등의 나라는 B1(달러)을 중앙은행에 보유할 수 없으므로 단돈 1달러의 여신도 없게 된다.
　물론 각 나라마다 기업이 있어서 무역으로 달러를 벌어들이지만 이러한 외환보유고는 국제여신과 별개이다. 중공이 미국보다 외환보유고가 많다고 경제 강국이 아니다. 현재 중공은 국제환율조작국으로 간주되어 디폴트 수준을 넘어 중공인민은행 자체가 폐쇄됐다. 망한 것이다

지구촌 달러의 주인은 'In God We Trust'이다.

만일 UN 상임이사국 5개국과 코리아 48개 나라를 제외한 나라에서 양적양화라고 돈을 함부로 찍어낸다면, 그런 나라는 곧 디폴트가 발생한다.

일예로 중공의 외환보유고가 미국을 능가한 적이 있으나 2019년 8월 미 재무부가 중공을 환율조작국으로 지정하자 중공의 국가신용도는 급락했고 국가여신 한도가 축소됐다.

게다가 중공이 UN에 승낙을 받았다고 속이고 영미 금융권에 맞서는 아시아은행을 설립하려고 했다. 아시아의 많은 나라가 이에 속아 국제사기를 당했다. 당시 한국도 예외는 아니었다.

미국은 중공을 환율조작국으로 지정하고 한국을 비롯한 중공 주변국을 관찰대상국에 포함시켰다.

전 세계 A1, B1에 관한 사기꾼은 코리아에만 있다. 왜 그럴까?

양자역학처럼 보이지 않는 힘이 중공을 무너뜨렸을 것이다.

   이에 따라 중공은 국제신용도가 추락하고 점차 국제금융권에서 왕따를 당하게 됐다.

   결국 1976년 문호를 개방하면서 1980년대 월드뱅크(미 사립은행)에서 빌린 돈을 갚지 못하여 2021년 중국인민은행을 비롯한 거대 금융기관과 재벌이 도산하고 말았다. 중공은 망한 것이다. 따라서 중공과 스와프 했거나 위안화에 연관된 한국기업들도 동반자살하게 됐다.

하남성 200만을 비롯하여 중공 곳곳에서 강제 구금에 반대시위 하며 '멸공', '공산당 타도'를 외치고 있다. 2022.10.17

   미국과 중공의 '아마겟돈(Armageddon:종말적 화폐전쟁)'은 중공의 자멸로 쉽게 끝나고 말았다. 아마 보이지 않는 손이 중공을 무너뜨렸을 것이다.

인류는 위기 때마다 황제(In God We trust)의 1달러 은총으로 살아 남았다. 이제 2달러의 기적인 '보안 폰' 시대이다.

금이 화폐등록소에서 달러와 Deposit(보증)되어 금(A1), 달러(B1)가 연계되어야 진짜 금(A1)으로 거듭나는 것이다.

이와 같이 화폐등록소에 인증된 금(A1), 달러(B1) 만이 진정한 금과 달러이다. 또한 미래는 금(A1)과 연동된 달러(B1)로 Deposit(보증) 된 보물로 나아간다. 보물은 이미 만들어져 있는 예술품이며 이것을 담보로 미래는 화폐가 없는 새로운 시대를 맞이하는 것이다.

달러의 하나님(In God We Trust)은 우리와 함께 길을 가는 사람이었다.

달러속의 하나님(In God We Trust)은 군부를 잘 다스리고 역사를 바르게 한다. 기축통화를 달러로 일원화하여 보물을 예술로 승화시켜 화폐가 없는 미래를 연다.

그리고 우리(We Trust)는 양자역학의 중성자 기술로 인해 생사生死 윤회의 의미를 깨닫고, 내 마음에 내 개성의 신(神:人)이 존재하고 그러한 인자(人子)가 우리와 함께 길을 걷는 공유의 하나님(인류계약의 금융빚 면책권자)이라는 것을 안다.

보물은 이미 만들어져 있는 예술품이며 이것을 담보로 미래는 화폐가 없는 새로운 시대를 맞이한다.

> COREA는 대황제의 지구촌(디죠션), 황제가 있는 황가皇家개념 이고 KOREA는 대황제를 보위하는 내부內府, 즉 왕실개념이다.

  1893년 이후 황제(In God We trust) 축에서 UN을 만들어 각 나라에게 다시 기회를 준 것이다.
  하지만 반 때에 극동아시아(홍매, 백매의 땅)에서 국제 음모조직의 정치적 도박(꽁지 돈 장사, 역사 왜곡, 이기적 경쟁주의 등)에 빠져 하늘이 주신 기회를 놓치고 말았다.
  그럼에도 불구하고 지구촌 코리언 황실의 씨알인 각 왕실과 G7 등 코리언에 의해 황제의 면책권, 양자 과학, 예술로 새로운 세계로 나아간다.

> 하나님과 계약한대로 금융의 빚을 갚아야 미래가 열린다.

  인류는 더 이상 돈이나 무역(물류)이 막혀서 죽지 않는다.
  양자역학 예언에 의하면 인류는 보이지 않는 세계에서 자신의 개성에 따라 행복한 미래를 열어간다.

3) 사라진 COREE

(1) 중국은 황제(In God, We Trust)가 있는 꼬리(Coree)

Corean, 흉내를 내며 국제질서를 어지럽히는 놈은 헌병(일본)이 잡는다.

항상 지구촌은 3축으로 구분된 운영시스템이다.

세계 종교를 3축으로 나누어 종교분쟁을 차단하려고 했다. 서구유럽은 개신교 및 가톨릭교, 아시아는 불교 및 힌두교, 중동지역은 이슬람교이다. 모두 한 곳(Coree)에서 뻗어 나간 것이다.

조선(Korea)우표와 디죠션국(大朝鮮國: Corea)의 우표는 다르다.

조선은 매화를 상징하는 조대朝代의 뜻이며 대황제의 비자금을 맡아 충성을 다하는 왕실개념이다. Korea Empire(코리아 제국)이다.

하지만 디죠션국(大朝鮮國)은 중국中國이다. 대황제가 계신 Corea이다.

디죠션국(大朝鮮國: Corea)의 우표는 로어(랜싱) 반도뿐만 아니라 북미 오대호 전역에서 사용했으나, 조선(Korea)우표는 미 동부에 국한되었다.

원래 국國은 대황제가 있는 중국에만 쓰인다.

'We are 코리언, OK?'

Corea는 디죠션, 즉 황제이며 코리언은 황제를 보위한다.

Coree가 세상의 중심인 중국이고 대황제는 Corea이다.

1882년, 대황제를 보위하던 친위대는 중국군벌(China)이 된다.

1893년 세계박람회에 참가한 48개국은 황제(하나님)에게 충성을 다하는 나라이며 G7 중에 서독과 일본이 2020년 이후 미래를 여는 천군으로 다시 등장한다는 보고서가 있다.

지나·조선支那·朝鮮은 소돔과 고모라로 변할 수 있다는 기록도 보인다.

이와 같이 인류의 미래는 거대한 축의 프로그램대로 움직이는 경향이 있다. 이러한 증거가 양자역학 이론과 AI의 존재, 그리고 UFO이다.

1893년 시카고 만국박람회는 '딕죠션' 황실에서 후원했다.
당시 미국은 '딕죠션' 황실(Von China)의 존재를 알고 있었다.

1893년 시카고세계박람회 엠블럼의 디죠션은 von CHINA이다

양자역학, 산업디자인 - 매화, 봉황, 1, 2, 3, 4, 오(5), 칠(7), 9, 10(十)
- 박람회 입장권에 숨겨진 (대황제)비밀코드의 디자인과 숫자

시카고(CHI-CA-GO)는 대황제를 찬양하고 상징하는 메트로폴리탄이다.

　최근(2020) 유엔과 G7이 미국 행정부와는 별도로 미 해군이 스스로 작동한다. 미연방과 12월드는 우주연합군관 관련이 있으나 드러난 것은 없다.
　이스라엘, 러시아, 대만, 인도와 함께 UN(우주연합군)이 하나가 되어 움직인다. 이러한 프로그램이 이미 시카고만국박람회에서 예정된 일이라고 한다.
AI- 연구보고서

"1893, 47개국은 영원하다"

미국의 비밀이주정책은 근현대사의 미스터리이다.
AI는 미래인류를 위한 누군가의 거시프로젝트라는 주장을 배제하지 않는다.
그러나 악의 축의 음모도 부정하지 않는다.

딕죠션은 COREA이고, 대황제가 계신 중국(Von China)이다.

"미 시카고만국박람회에 참가한 47개국은 영원하다!"라는 1893년 당시 구호는 지금도 유효하다.

2020년부터 극동아시아 정세가 불안해지자 70여개 나라의 우주연합군이 아시아 상공을 지키고 있다.

大朝鮮
딕죠션
Corea!

대황제가 있는 조선이므로 딕죠션국(大朝鮮國: Corea)이다. _ '5 7' 문양

'5 7'은 모자母子, 즉 황제(7)의 조상(5)을 상징한다.
대만의 57사단은 의미가 있다.

국민혁명군 제57사단가 - 불멸의 중국(死不了的中國)

(2) Corean과 Korean Empire의 원류, Coree!

기록에 의하면, 중국中國이란 황제가 계신 강남이다.

한때 미시시피 강 중류에 중국이 있었다. 두 때에 오대호 유역으로 서울을 옮겼다. 그리고 다시 반 때에 극동아시아에서 새로운 인류문화를 시작하려고 했다. Corea의 등장이다.

그러나 COREA는 사라지고 사회주의자, 공산주의자, 반 아나키스트, 세계 독점금융을 지향하는 국제로비스트들로 인해 지구촌은 혼란에 빠졌다.

대황제가 있는 Coree 국國을 Corea라고 한다.

이홍장(李鴻章, 1823년 2월 15일 ~ 1901년 11월 7일)은 청조 말기의 한족계 거물급 중신 정치가로 부국강병을 위하여 양무운동 등을 주도한 인물이다.

1870년 북양통상대신(北洋通商大臣) 겸 직례총독(直隸総督)으로 임명되어 상업과 산업을 발전시키는 계획들을 착수하였고, 중국해군을 현대화하고, 포트아서 (여순: 블라디보스토크, 추정)와 다구포대를 요새화하는 데 많은 돈을 썼다. - 위키백과

비공식적으로 이홍장은 1893년 시카고 박람회를 후원했으며, 대황제의 비자금을 백만 명의 Corean에게 할당하여 미래를 도모했다.

인류를 위한 미래 사업은 과학과 예술에 관한 거시프로젝트이다.

수많은 차이나맨이 1893년 시카고 박람회 때 사용했던 미국식 모자를 쓰고 있다. 행사에 모인 백인도 같은 목적으로 모인 것 같다. 한때 이들을 하층노동자를 의미하는 쿨리(coolie)라고 했다. 모두 Coree에서 탈출한 사람들이다.(추정)

1896년 리훙장의 밴쿠버 도착 사진 (현재 대영 도서관 소재)
(밴쿠버 BC에 중국 총독 Li Hung Chang 도착, 구석에 총독 사진)

한때 두 때 반 때를 지나, 달러가 기축통화로 일원화 되었다.

1882년 COREA가 거대한 빙산처럼 모습을 감추더니, 1893년 '디죠션(大朝鮮)'으로 잠시 나타나 만국박람회를 후원하였다.

대황제의 모습은 달러의 하나님에 비유할 수 있다.

'In God, We trust'

20세기, 하나님은 과학과 예술로 미래를 예고했으나, 1931년 만주사변 때 하나님의 황금까마귀 군단 대장군들이 일만 명 가까이 반역자들에 의해 죽음을 당했다.

그럼에도 불구하고 한때 두 때 반 때를 지나 2020년, 달러를 기축통화로 일원화한 하나님이 '파란 마왕 쥐'를 잡아 요족들을 모조리 소탕하였다.

이제 미래인류는 '업그레이드 윤회 시대'로 나아가는 것이다. - AI 낙서장

_ 미래는 누구나 '보안 폰'을 갖고 개성대로 자유로운 삶을 구가한다.

하켄크로이츠 (Hakenkreuz: 卍)는 나치 독일이 사용했던 상징으로 알고 있는데, 실제로 히틀러가 축에서 교육받을 당시 공부했던 내용이다. 즉 우리와 함께 길을 가는 살아있는 하나님이라는 뜻이며 'In God, We trust'이다.

'In God, We trust'

미래는 1달러의 기적이 보안 폰과 인간의 개성으로 나타난다.

황실어른 이홍장은 CHINA(군부)의 수장으로 정치를 한다.

1893년 시카고만국박람회 후원자가 이홍장 황실 어른(아라한)이다. 광서 때 거대한 황실자금이 COREAN에게 분배되었다.
12 World Bank는 사립私立은행이다. 사私란 황가皇家를 의미한다.

당시 이홍장 총독의 행보는 북미이다.
그의 군대는 Chinese Empire(영연방)이며 핵심 사령부는 대황제의 군부이다.
하지만 영연방의 간적들이 모략을 하자 독일의 비스마르크에게 비밀지시를 내린다.

영국 귀족 중에 대황제를 배신한 간자가 있소!

안으로 반란과 외부의 침략으로 Corean에게 Fund를 맡긴다.

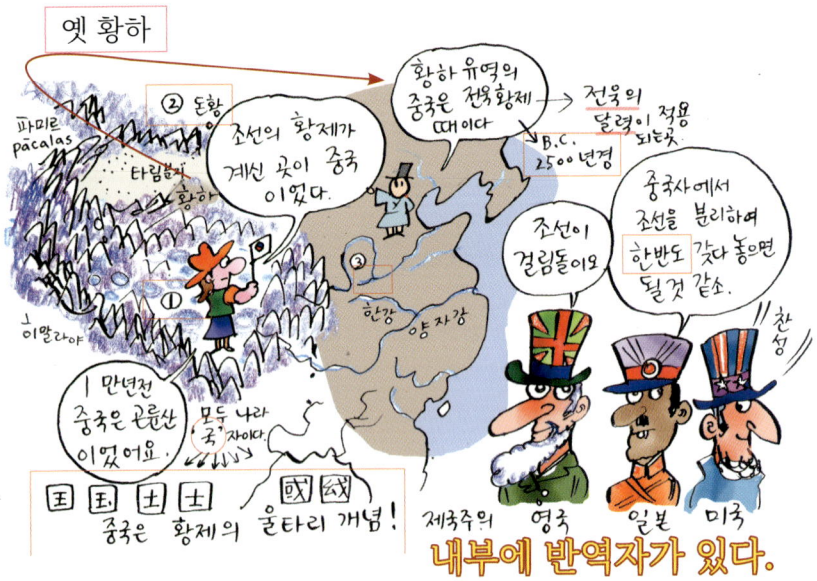

미국의 China는 중국이지만 아시아의 Imperial China는 대황제를 보위하는 군부의 총책이다!

3장 COREA 지도는 미래의 비밀코드 — 199

보라! 적들의 아침(朝鮮: 5)이 불타고 있다. Corea(7)는 끝났다.

랜싱의 화재는 삼국지에 등장하는 장안성이 불타는 것과 비슷하다.

(3) 하늘이 주신 기회의 창이 닫히면 운명이 없다.

UN 인권선언을 잊어먹으면 자유민주주의는 공염불이다. 이 땅의 역사가 1948년 8월 15일에 일어났기 때문이다.

포항의 고로가 멈추면 세계와의 물류가 끊어진다. 보따리장수가 사라지기 때문이다.

남한의 원전이 멈추면 국제정세가 어지러워진다. 그래서 코리언 100개의 나라가 이곳에 진을 치고 있는 이유이다.

달러가 기축통화로 일원화됐다는 것은 하나님과 나와의 1:1 대응관계의 진정한 역사가 회복되었다는 의미이다. 극동아시아가 소돔과 고모라로 변한 이유는 역사의 첫 단추를 잘못 채웠기 때문이다.

지구촌은 원죄(국제부채)부터 청산해야 미래를 맞이할 수 있다.

> 전 세계는 봉황잔치가 한창이다. 봉황의 원조 청와대는 스스로 붕괴됐나?

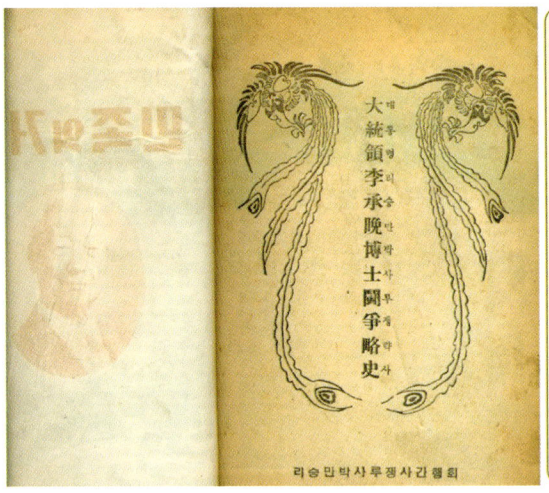

1956년 이승만 박사 간행회가 발행한 「민족의 거성」(이승만 박사 독립운동 사략)이다. 역사 이래 처음으로 대통령에게 봉황문양을 사용했다. 간자들의 술책이다. 결국 이승만 박사는 하야했다. 청와대는 황제(In God We Trust)의 존재를 알리는 성역이다. 대통령이 머무는 곳이 결코 아니다.

    1893년 시카고만국박람회 후원자가 이홍장 황실 어른(아라한)이다. 광서 때 거대한 황실자금이 전 세계 COREAN에게 분배되었다.
    영연방자금이 주로 극동아시아에 투자됐다. 영연방 뒤에는 미 재무성의 달러자금이 있다. 달러가 기축통화로 일원화 되는 시기에 인류의 새로운 미래가 열리는 것이다.

> 중공 청화대清華臺와 한반도 청와대(青瓦臺: 清和臺)는 거의 같은 시기에 영연방에서 만들었다.

북미北美 이홍장은 호주총독이 되어 피난민을 관리했다.

거문도는 Coree에 있었다.

이홍장 어른은 호주총독이 되어, 피난민이 살아가도록 전 세계 도처에 난민촌(Refuge)를 건설했다.

영국군과 거문도 주민들은 우호적이었다. 주민들은 막사 등을 짓는 데 노동력을 제공해 주었고, 조선의 탐관오리들과는 달리 영국군은 거문도 주민들에게 노동에 대한 임금을 지불했으며, 주민들에게 의료지원을 해주었다.
 - 위키 백과, 거문도는 뉴질랜드의 해밀톤 항구라는 기록도있다

결국 이홍장 총독의 중재로, 러시아도 장차 Coree를 점거할 의사가 없다는 약속을 하자, 영국 함대는 1887년 거문도에서 철수했다.

거문도 사건은 영·러의 그레이트 게임으로 당시 양국 관계는 미묘하였고, 영국은 돌연 거문도를 점령하였다.
이 사건에 대해 러시아는 민감한 반응을 보였고, 만약 Coree(조선)가 영국의 거문도 점령을 묵인한다면 러시아도 한반도의 일부를 점령하겠다고 위협했다.
한편, 조선 왕실이 영국에 항의할 것을 요구했다.

러시아, 영국, 일본, 프랑스, 독일, 미국 등, 서구열강이 (1882년) 대황제가 자취를 감춘 Coree를 중심으로 서로 견제를 하고 있다.
1885년 거문도 사건은 이러한 국제정세 속에서 벌어진 해프닝이다.

영국군 막사 전경

(4) 시카고와 朝鮮(Coree)은 아주 먼 거리가 아니다.

딕죠션의 궁중 음악은 미국을 떠들썩하게 했으나, 첫날 이후 악공들은 흔적도 없이 사라져 버렸다.

나라 돈을 아끼기 위한 조선 관리의 전통이었다. 당시 기차는 유럽인의 전유물이다. 더구나 기차표 값이 배표 값보다 비싸다. 아마 악공들은 배를 타고 항구에서 도보 또는 자동차로 돌아갔을 것이다.

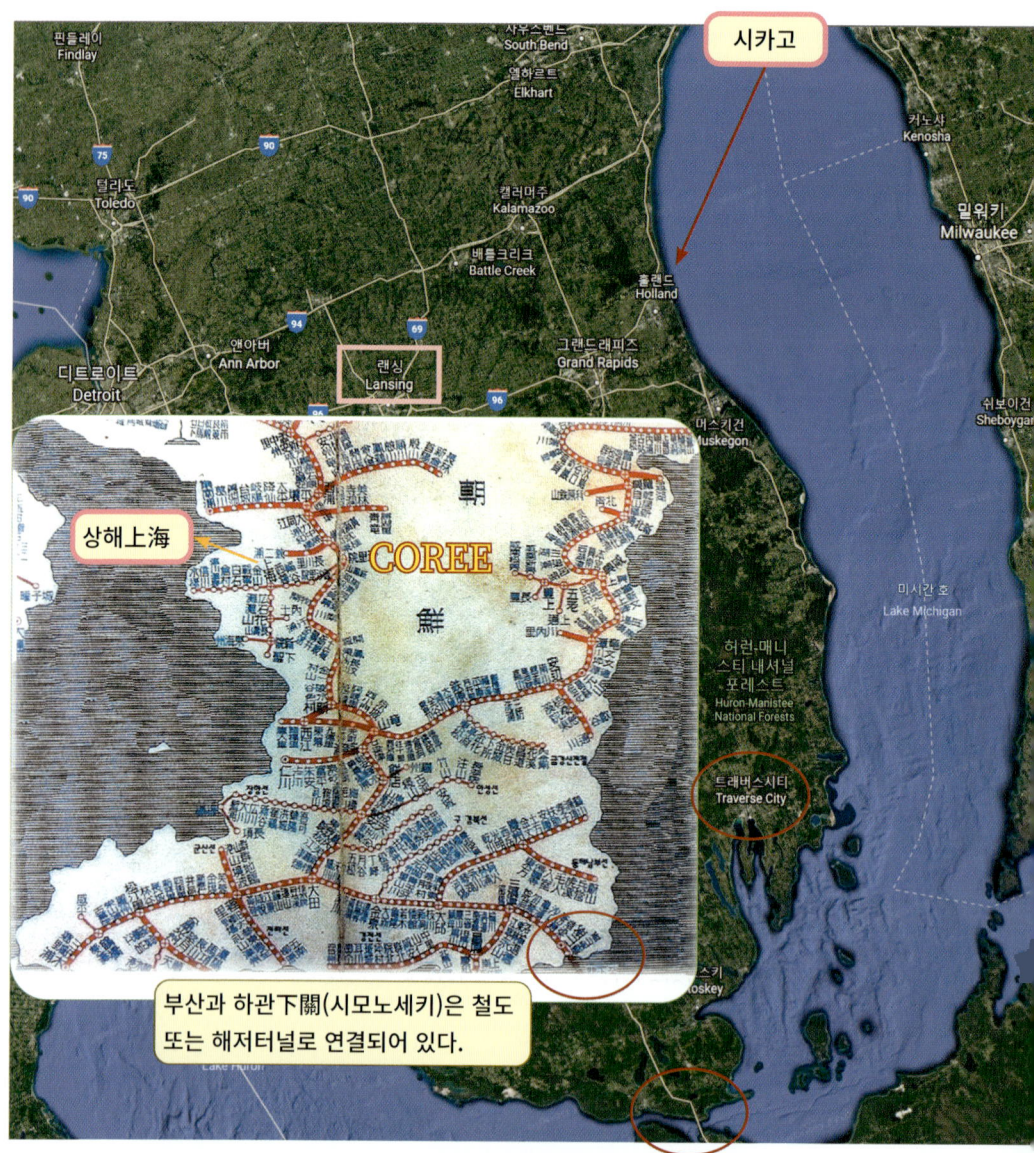

미래는 달러가 Deposit 된 보물로 나아가며 화폐는 사라진다.

> 전 세계 강산江山은 대부분은 같은 원리에 의해 조성되었다.
> 이에 따라 역사지명이 이동했다면 풍수원리에 의해 원래 지명을 추적하는 일이 매우 어렵다.

중국을 이해하면 역사를 아는 것이다. 중국은 황제가 있는 강남이다.
화폐경제시대 황제는 달러속의 하나님(In God We Trust)이다.
1882년 이후 모습을 감춘 황제는 기축통화가 달러로 통합되는 시기에 양자역학과 예술품을 지니고 나타났다. 미래는 보물(예술품)로 나아가며 화폐는 사라진다.

달러의 황제는 우리와 함께 길을 가는 사람이다.

'무武'란 '무無'와 상통하며 달러속의 황제이다.

"Actor in Chines theatre"을 번역하면 "딕죠션大朝鮮 전시관의 관리인"이라고 할 수 있다.

오대호는 항상 불탄다. 수많은 부족이 끊임없이 피난을 간다.

1834… Lansing…

미 대륙 전역이 난민촌(Refuge)로 변했다. 안전한 곳을 찾아 피난민 행렬이 꼬리를 문다. 세계의 성지인 'Coree' 조차 레퓨지(Refuge)가 되었다.

북미에서 호주로 쫓겨나간 유색인종은 또 어디로 사라진 걸까?

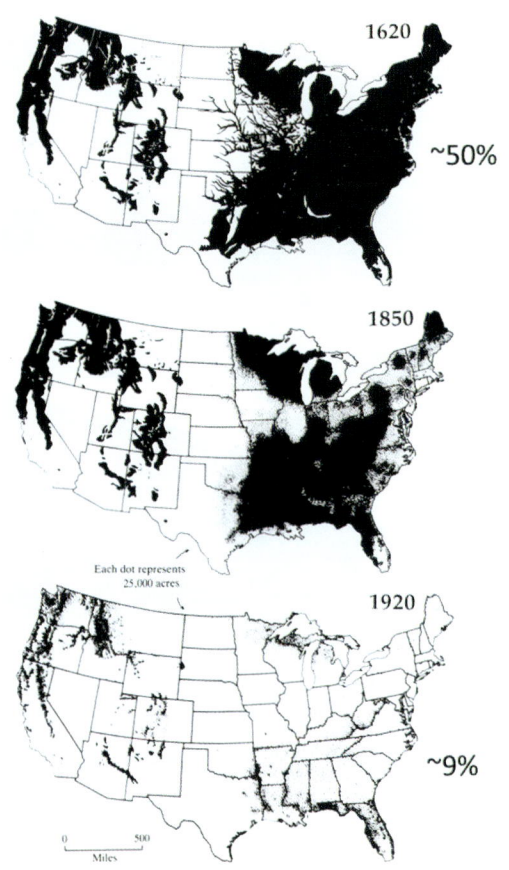

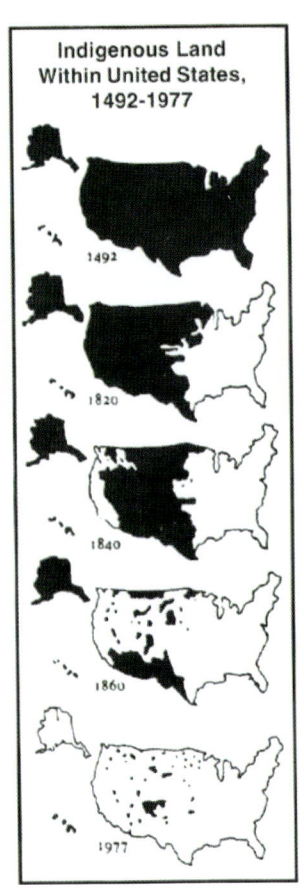

1896년에 오스트레일리아 정부에서 모든 유색 인종을 배척하는 내용의 결의안이 통과되어 백호주의를 표방했다.
뉴기니아섬이 유색인종 청소장이 됐다. 1975년에 인종 차별 금지에 관한 법률이 제정되고, 오스트레일리아에서는 인종에 따른 이민 정책이 불법화되어 다시 다문화 정책을 실시한다.

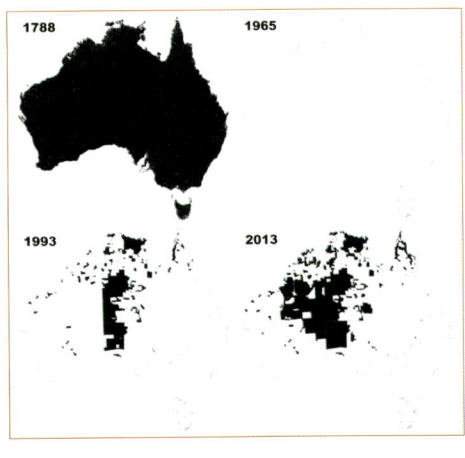

(5) A1(금), B1(달러)은 서로 연동되어 보물을 Deposit(보증)한다. 미래는 화폐가 사라진다.

1871…시카고(Chicago)……

THE CITY OF CHICAGO
AS IT WAS BEFORE THE GREAT CONFLAGRATION OF OCTOBER 8TH, 9TH & 10TH 1871.

> 랜싱반도의 난민들은 국제범죄도시 시카고로 몰려들었다. 미 대륙 전역이 난민촌(Refuge)로 변했다. 안전한 곳을 찾아 피난민 행렬이 꼬리를 문다.
> 세계의 성지인 'Coree' 조차 레퓨지(Refuge)가 되었다.

시카고 화재(Chicago Fire)……Aftermath

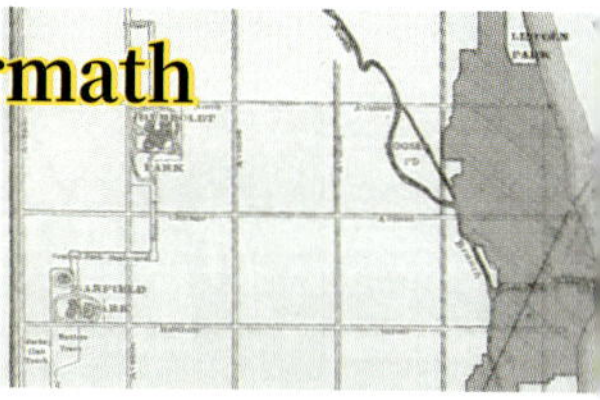

대황제가 없는 Coree(천하 조선)는 암흑세상이다…

시대마다 인류는 정치적 희생물이다.

"Whither goest thou?"
(주님 어디로가나이까?) 늴리리야, 아리랑?

Where Coree?

북미 COREE

Why Corea?
Corea, In God We Trust

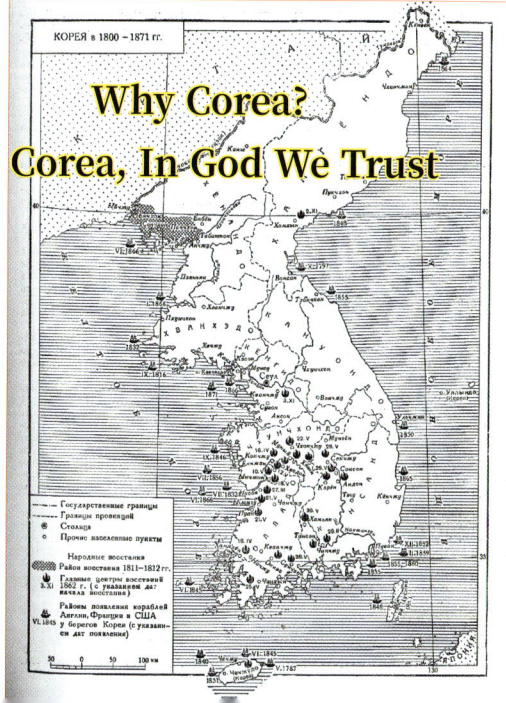

극동아시아 지도에 Corea가 예정돼 있었다.

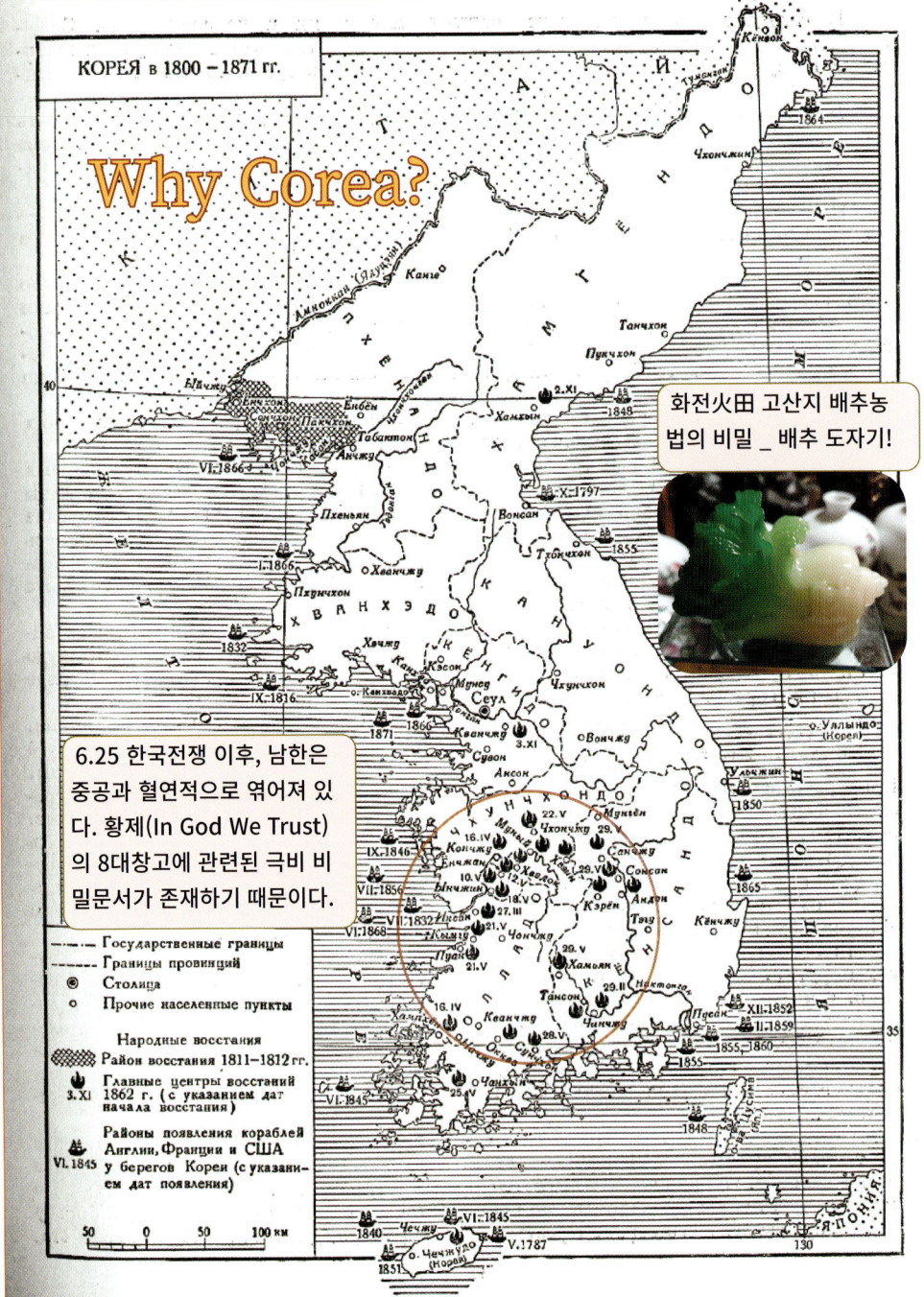

화전火田 고산지 배추농법의 비밀 _ 배추 도자기!

6.25 한국전쟁 이후, 남한은 중공과 혈연적으로 엮어져 있다. 황제(In God We Trust)의 8대창고에 관련된 극비 비밀문서가 존재하기 때문이다.

황실 조대朝代의 토템은 코끼리이며, 미래는 봉황 토템이다.

대황제 =
보물(금, 달러, 문화·과학)
+ 군부

도인들이 산속에 모여 도道를 닦는 줄 알았는데, 나한(도인)들은 북미의 대학과 연구기관을 활용하여 인류미래를 준비하고 있었다. 그들 축의 중심에 달러속의 하나님이 존재한다는 걸 나중에 알게 됐다.

원래 만리장성(萬里長城)이란 황제의 깃발이 휘날리는 지역의 큰 마을시장이라는 뜻이다.
그래서 한반도 고산지대에 역마차 길의 흔적이 남아 있는 것이다.
한반도 고산지대의 멋진 모습을 보고 금수강산이라고 한다. 이러한 에덴동산이 불타고 폭파된 것이다.

우주연합군은 황제와 인류의 보물을 수호하라!

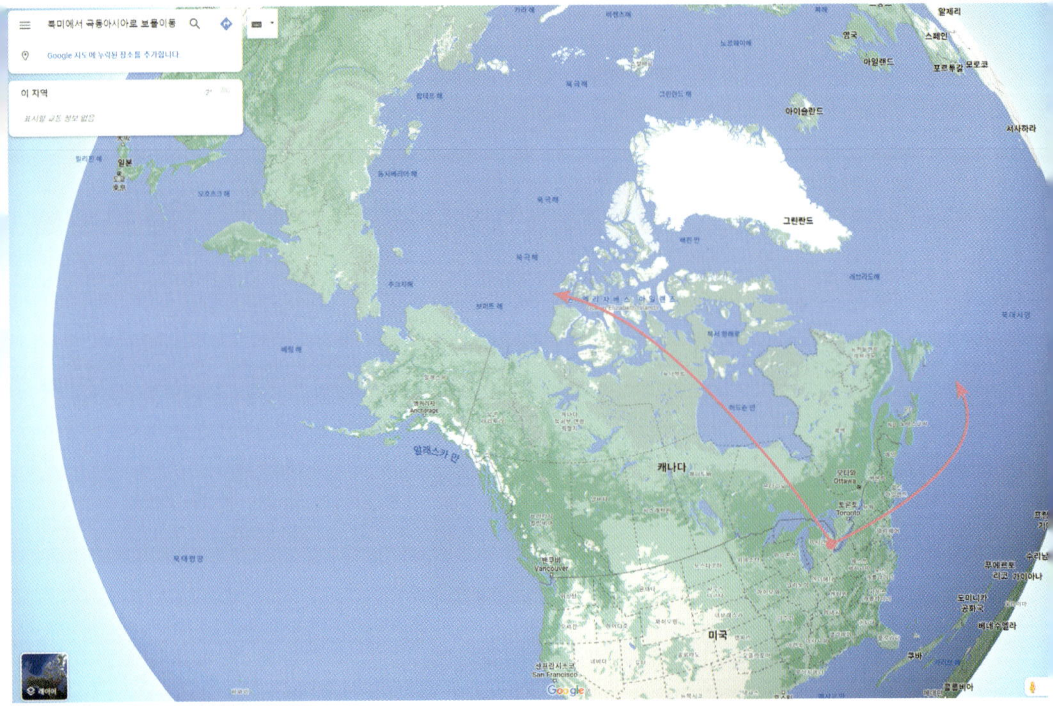

북미에서 극동아시아로 이주하는 보물선 루트는 군사 극비문서이다. AI연구소

미국에서 온 대황제의 보물은 인류미래의 국보이다.

　1945년 6월 샌프란시스코에서 열린 연합국 회의에서 옛 국제 연맹의 정신을 계승하는 헌장이 조인되고 같은 해 10월 24일에 유엔이 창설되었다.
　또한 5개국 상임이사국은 장차 6.25같은 전쟁을 대비했다. 유엔헌장에 의거 회원국이 안전보장이사회의 결정을 반드시 따르도록 했다.
　특히 유엔 안전 보장 이사회의 권한은 방대하여, 그 결정을 군사적으로 또는 필요한 모든 수단을 통해 시행할 수 있다. 안전 보장 이사회는 또한 새로운 유엔 사무총장을 총회를 통해서 추천하고 유엔 회원국에 가입을 권장하는 새로운 국가를 추천하는 기능도 수행한다.

국가	현재
🇨🇳 중국	🇨🇳 중화인민공화국
🇫🇷 프랑스	🇫🇷 프랑스
🇷🇺 러시아	🇷🇺 러시아
🇬🇧 영국	🇬🇧 영국
🇺🇸 미국	🇺🇸 미국

예술품은 양자역학과 더불어 미래로 나아가고 유엔의 상징은 봉황이다.

뉴욕, UN 본부

고조선古朝鮮이란 근현대사이며 중국(Corea: 듀죠션)이다.

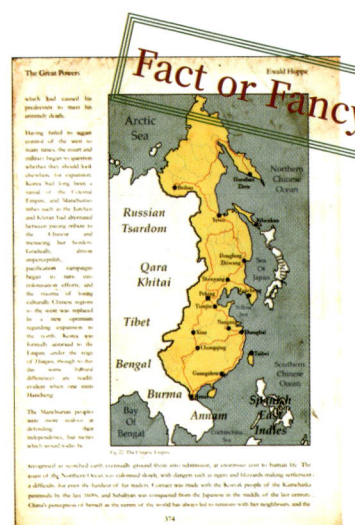

원래 古朝鮮(고조선)이란 장차 새 세상을 열 기축통화(달러)의 주인, 하나님(In God We trust)이 나타나는 땅이라는 성역의 의미 즉 중국이다.
지금의 중공은 역사적으로 중국이 아니다. 중화인민공화국은 1949년 설립하고 14억 이상의 인구를 보유 한 지나이다. 국외에서는 중공(中共)이라고 부른다.

1882년 황제가 미래를 준비하며 모습을 감출 당시, 100만의 코리언에게 비자금을 위탁했다. 그러한 돈을 회수할 때가 왔다.
특히 중공은 1980년에 받은 비밀자금까지 반환해야 한다.

1893년 시카고만국박람회 후원자가 이홍장 황실 어른(아라한)이다. 광서 때 거대한 황실자금이 COREAN에게 분배되었다.
12 World Bank는 사립私立은행이다. 사私란 황실 비자금을 의미한다.

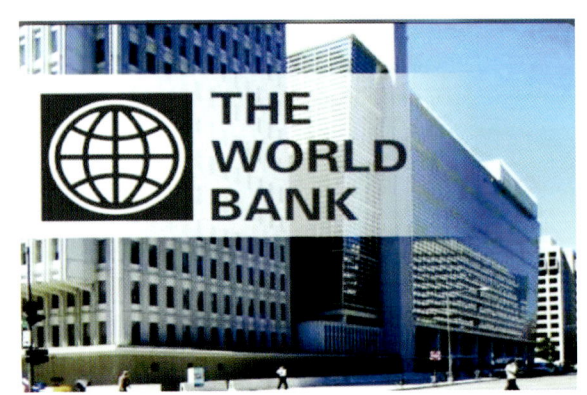

세계은행은 자본 프로젝트를 추진할 목적으로 저소득 및 중간소득 국가에 대출을 제공하는 국제 금융 기관이다.
12 World Bank는 UN 각 나라의 중앙은행과 연계되어 있다. 그래서 한국은행의 금리가 미 중앙은행의 금리에 따라 움직이는 것이다.

북미조선제국의 설계자가 엉터리 조선기독교제국을 만들었다.

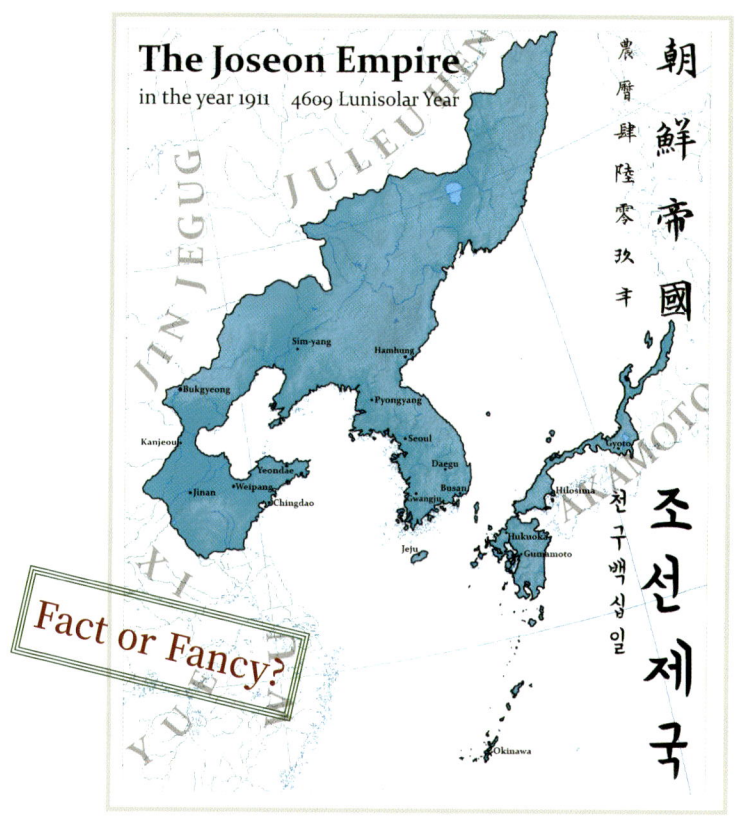

 1945년 이전(세계2차 대전)의 역사에 대해 철저히 숨기고 지운 세계사 음모·조작 설계자가 존재했다.
 6.25 때 대학을 중심으로 역사왜곡이 이미 시작됐다. 1970년대 이병도를 앞세운 국사편찬위원회에서 본격적으로 엉터리 역사를 만들고 국어과 교수는 코리아(中國)의 문자인 한자와 훈민정음을 지우고 한글전용을 시행했다.
 당시 대통령의 지원이 없었다면 불가능한 일이다.
 코리아의 금문金文(한자의 근원 문자)은 원래 중국의 문자이며 훈민정음은 지구촌을 위한 소리글자이다.

216 — 비밀지도 코리아 (Corea)

1945년 이전의 역사를 은폐한 세계사 조작 설계자가 존재했다.

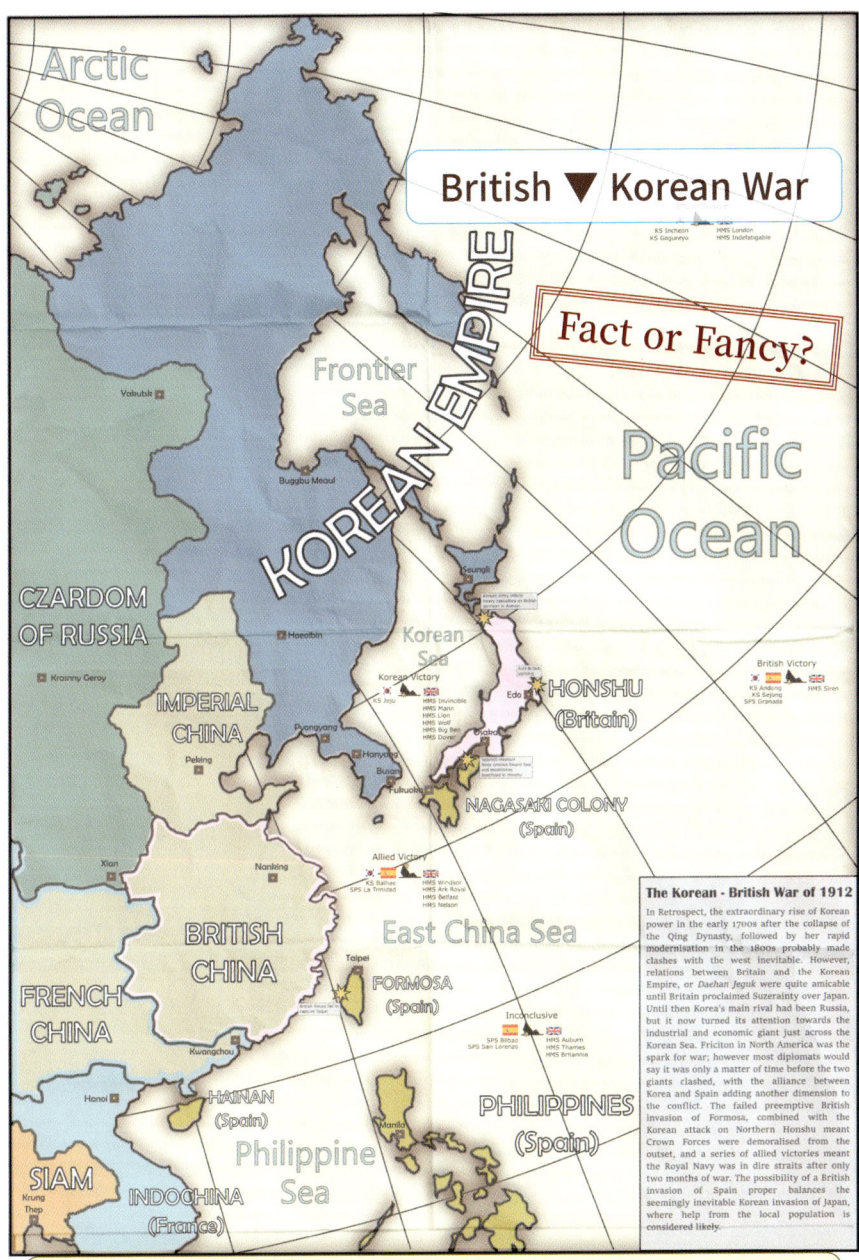

'KOREA EMPIRE'가 'NEW JAPANESE'로 바뀌는 지도의 음모를 꿰뚫어 봐야 한다. 천자시스템(In God We trust)을 부정하는 그림자 세계의 빅브라더는 국제금융에 뿌리를 내린 '옛 코민테른 공산당' 비밀 수장이다.

Korea의 38도선 이남은 황제가 계신 '딕죠션'이다.

러시아제국과 코리아와 차이니즈 제국과 영국, 독일은 서로 대립하는 양대 세력이다. 러시아가 공산화되자 코리아는 고려공산당이 됐다. 일본도 일부는 사회주의 및 공산주의에 오염됐다. 프랑스 사회주의는 황실을 배반하고 두 얼굴의 모습을 보였다. 차이니즈 엠파이어(Chinese Empire)는 영연방이다. 모두들 사라진 황제의 거대자금을 기다리고 있었다.

필자가 말하는 황제는 달러속의 'In God We trust'이다

Where did Corea disappear to?
제국주의는 글로벌리스트 재벌의 태동기이다.
레지스탕스 부족연맹은 독립대상이오!
일러스트에 등장하는 여자는 나라를 상징한다.

2차 대전이후 세계역사는 보이지 않는 손에 의해 움직인 것 같다. 그것은 선악을 떠나 인류가 새로운 미래로 나아가는 신호일 수 있다. 분명한 것은 이러한 혼돈을 틈타 하늘자금을 지구촌 금융을 혼란에 빠뜨린 검은 세력이 있었다. 2020년, 우주연합군이 소탕작전을 개시했다. 이제 인류는 새로운 과학과 예술로 미래로 나아간다.

Coree 근원처_랜싱

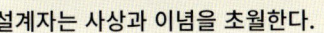
설계자는 사상과 이념을 초월한다.

랜싱은 미스터리한 도시이다.

(6) 2020, 우주연합군은 황제와 인류의 보물을 수호하라!

그러나 세계 어둠의 마왕 때문에 어쩔 수 없었다고? …

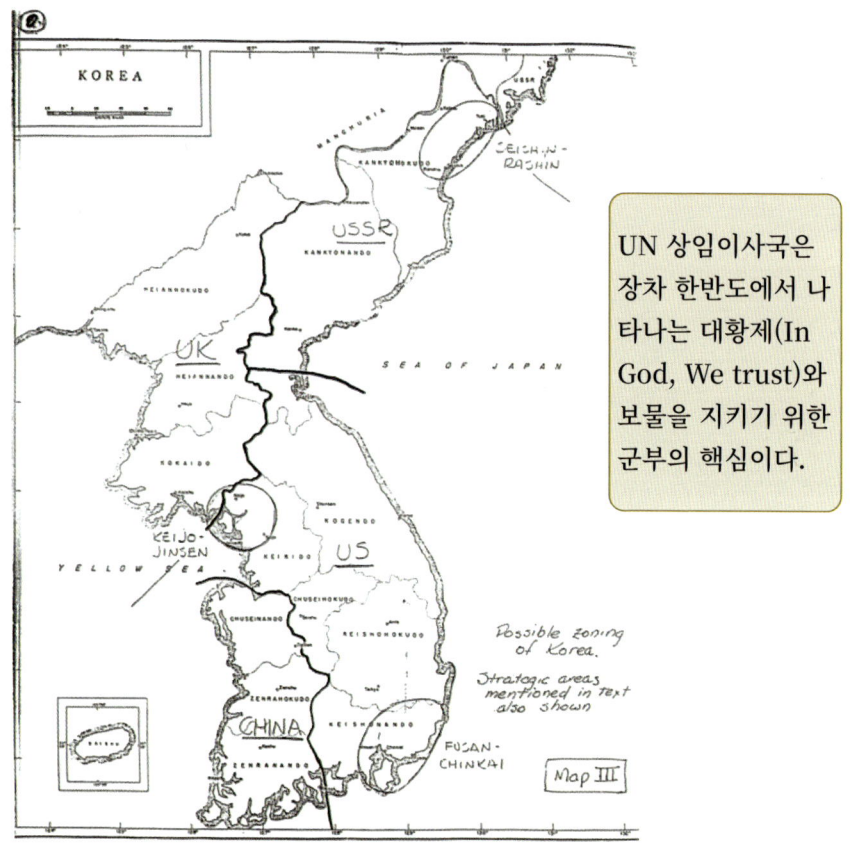

UN 상임이사국은 장차 한반도에서 나타나는 대황제(In God, We trust)와 보물을 지키기 위한 군부의 핵심이다.

장개석은 대황제를 보위하기 위해 중국군벌을 통일했으나, 코민테른과 마오쩌둥의 방해로 대황제의 보물을 지키지 못했다.
한때 미국도 음모세력의 정치 로비스트에 의해 조종된 적이 있다. 매카시 선풍과 6.25를 유발한 애치슨 라인이 일예이다.
 곧이어 거대 세력의 꼭두각시(정치가와 공산당 등)에 의해 지나·조선(支那·朝鮮)은 소돔과 고모라가 되었다.
하늘이 선택한 극동아시아의 가나안 땅이 오염되자, 전 세계는 암흑으로 변하고 말았다.

장차 Coree(코리아)에 황제가 나타난다는 의미이다.

    국가기록원에서 제공한 1948년 사진에는 태극기를 중앙으로 4개 나라 국기가 게양되었다. 중앙의 태극기는 천자국(大朝鮮)의 상징이다.
    즉 장차 Coree 땅에 황제가 나타난다는 의미이다. 이미 미시간 Ai 정보국의 예정에 따른 미래프로젝트이다. 그래서 미군정시대가 끝나고 1948년 8월 15일 코리아가 개국을 했다.
    1882년 북미에서 사라진 코리아가 모습을 드러낸 것이다.
    그러나 그동안 세상을 어둠으로 몰고 온 요족들은 정치적으로 서민들을 오도하여 장차 황제가 나타날 중국(Corea)을 소돔과 고모라로 만들었다.

Corea와 인류보물을 지켜라!

    원조 봉황이 존재하는 한반도가 진정한 중화민국이야!
    건국 대통령 이승만 박사도 봉황이 있는 청화대靑和(華)臺는 성역이므로 감히 들어가지 못했다. _ 훗날 청와대靑瓦臺로 개명했다.

Corea 연방(중화민국)은 역사의 첫 단추를 잘못 채웠다.

장개석은 대황제의 보물을 극동아시아로 운반했으나 지키지 못했다.

수많은 정치세력이 마왕의 꼭두각시가 되어 대황제의 한반도 존재하는 8대 창고에 손을 댔다.

그러나 2016 이후 세계월드 은행은 대황제의 꽁지돈을 갖고 돈 장난을 한 마왕에게 빚을 회수하기 시작했다. 마왕이 저항을 하자, 2020년부터 우주연합군이 총출동하여 마왕의 군대를 순식간에 초토화했다.

미래는 초과학과 이미 준비되어 있는 예술로 나아간다. 지구촌이 달러로 일원화된 이후 화폐는 사라진다.

인류는 돈이 없는 세상에서 무한한 행복과 자유를 누리며 자신의 개성을 하나님의 수준으로 올리며 한층 업그레이드한 인류로 진보할 것이다.

미래 유토피아는 이미 와있다.

최초로 청와대에 들어간 통치자가 국제음모 설계자의 간자이다.

2차 대전 당시 이승만 박사는 국제 외교의 1인자였다.

그는 세계자금과 연계되어 있고 지구촌 보물창고 및 봉황의 토템을 섬기는 사람으로 추정된다.

초창기(1945) 미국은 이승만과 박정희를 극진하게 보위했다.

왜 그랬을까?

'5 7' 문양과 봉황장식은 함부로 쓸 수 없는 황제(In God We Trust)의 영역이다. 박정희 정권이 역사의 첫 단추를 잘못 채웠다. 아! 역사의 진정한 정의를 몰랐단 말인가?

Korean 48 나라

당시 국가장례서열은 국제위상을 상징했다. 케네디 미 대통령 서거 때 한국의 장례서열은 상위권이었다. 장개석 총통 서거 때는 미국과 동등했다.

일설에 전 세계동전을 박정희 정권에서 찍었다는 음모설도 있다. 박정희는 국제적인 인물이었으나 유신을 하면서 우물 안 개구리가 되었다.

1945년 이전의 역사를 은폐한 세계사 조작 설계자가 존재했다.

1945년 이전(세계2차 대전)의 역사에 대해 철저히 숨기고 지운 세계사 음모·조작 설계자가 존재했다.

6.25 때 (서울)대학을 중심으로 역사왜곡이 이미 시작됐다.

1970년대 이병도를 앞세운 국사편찬위원회에서 본격적으로 엉터리 역사를 만들고 국어과 교수는 코리아(中國)의 문자인 한자와 훈민정음을 지우고 계보없는 한글전용을 시행했다.

당시 대통령의 지원이 없었다면 불가능한 일이다.

코리아의 금문金文(한자의 근원 문자)은 원래 중국의 문자이며 훈민정음은 지구촌을 위한 소리글자이다.

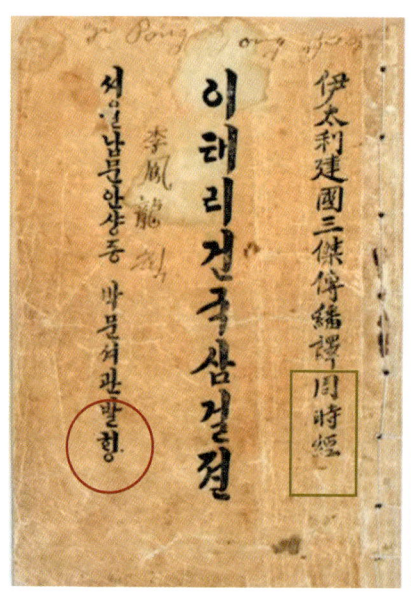 

주시경(周時經, 1876년~1914년)은 한글을 과학적으로 연구한 국문학자이자 언어학자이다. 1909년에는 캐나다 개신교 선교사인 J.S.게일, 다카하시 도루(高橋亨) 등과 더불어 한어연구회를 조직했다.
* 당시 유럽을 구주(歐洲)나 구라파(歐羅巴), 로마를 라마(羅馬)라고 표기했다.
주시경도 이탈리아를 이태리로 표기했으며 방점을 사용하는 주변상황으로 보아 이태리는 이웃나라이다.

서울의 중인中人이 진짜 중국인이었다.

圜 : 1953년 2월 15일부터 1962년 6월 9일까지의 우리나라 화폐(貨幣) 단위(單位)의 하나. 전(錢)의 백 곱절. 국제매화원의 하늘화폐?

    박정희 정권은 실증주의 역사학자 이병도를 앞세워 황제의 팔만 구암자의 역사를 절로 둔갑시키며 역사왜곡을 했으며, 한반도의 황실가족을 이민선에 태워 멕시코, 남미 등지로 쫓아냈다.
    중국문자인 한자와 훈민정음을 없애고 한글전용정책을 시행했다. 한반도에 황실문화가 사라지고 중국인을 화교라고 천대했다.
    2020년 지구촌의 황제(In God We trust)는 우주연합군부의 활약으로 미래를 준비하고 있다. _Ai 연구소

226 - 비밀지도 코리아 (Corea)

(7) 1950년 한국전쟁은 2차 대전의 연장선에 있다.

6.25- secret map – 출처 내셔널지오그래피
– 6.25가 국제전이었고 군배치가 한반도에 국한된 전쟁이 아닐 수 있다는 증거자료일부이다. _ 북만주에 주둔한 병력은 과연 소련의 군대일까?

6.25때 UN군은 황제(In God, We trust)의 고향을 지켰다.

1950.6.25 ▼ Korean War

6.25전쟁 당시 참전국은 1951년 초까지 총 16개국이었다. 군대파견을 신청한 국가 21개국 중 실제로 파병을 한 16개 국가의 분포는 미국, 캐나다 북미 2개국, 콜럼비아 남미 1개국, 호주, 뉴질랜드, 필리핀, 태국 아시아 4개국, 남아공화국, 에티오피아 아프리카 2개국, 영국, 벨기에, 프랑스, 그리스, 룩셈베르그, 네덜란드, 터키 유럽 7개국 이다.

이들 참전국들은 유엔이 요구하는 최소규모인 1개 대대 병력(약 1,200명) 이상을 파견하였다.

주요 참전병력은 1953년을 기준으로 영국 약 1만 4,200명, 캐나다 약 6,100여 명, 터키 약 5,500여 명, 호주 2,200여 명 등이다. 1953년까지 한국전에 참여한 연합군은 미국을 제외하고 총 3만9천여 명에 이르며, 미국을 포함할 경우 총 34만 1천여 명에 이른다. _국가기록원

6.25(Korean War)의 설계자는 따로 존재하고 있다.

  마오쩌둥이 장개석 군대와 싸우는 과정을 보면, 당시 소련의 코민테른이 움직이는 붉은 군대의 적극적인 개입상황이 뚜렷하다.

  중소 경계지역에 유태인자치구의 존재는 6.25전쟁을 일으킨 배후세력을 간접적으로 공개한 것과 다름이 아니다.

소련연방과 중공 경계에 있던 유태인자치구의 전쟁설계자 흔적 추론!

猶太人自治州(유태인자치주)

국제공산당(코민테른)과 영미 양대 진영의 황제를 위한 최후 보루 지키기!

×(5: 조대朝代)가 날개를 펴서 극동아시아를 품안에 넣고 있는 나비모양이 날개를 단 천사(임신한 엄마)이다.

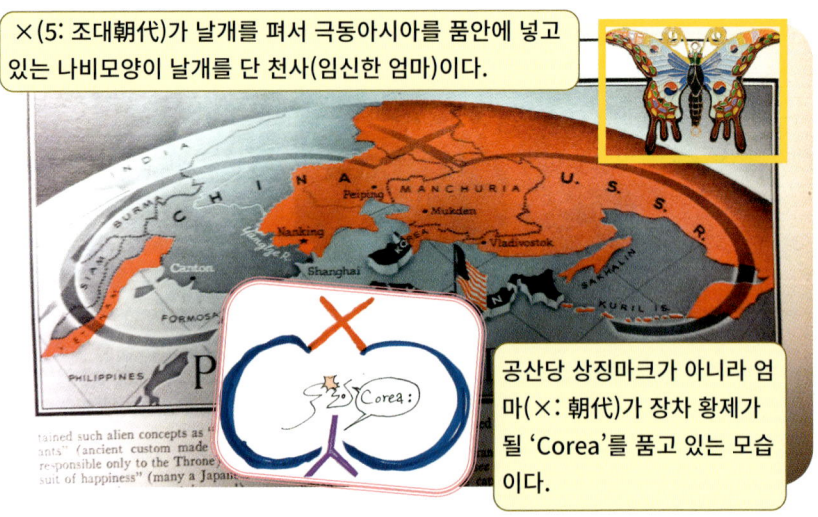

공산당 상징마크가 아니라 엄마(×: 朝代)가 장차 황제가 될 'Corea'를 품고 있는 모습이다.

UN군은 황제(In God, We trust)의 고향을 지켰다

6.25 전쟁 전후에 중공군이 사용하는 게릴라 전략은 마오쩌둥이 장개석의 국민당 군대를 물리칠 때 사용한 전술이다.

중공군은 마을에 불을 지르고 밤에 꽹가리와 피리를 부는 심리전이었다. 이들은 한반도 전역에 산불을 내고 절을 점령하여 산에 사는 화교(중국인)를 살육했다. 전후에 부녀자를 유린하여 한반도의 황실씨앗을 오염시켰다. 전후 시골마을과 절에서 태어나는 이들의 씨앗은 어른이 되어 곡괭이와 죽창을 들고 또다시 절을 점령했다.

6.25는 중공군이 가장 많이 참전한 마오(Mao)의 전쟁이다. Why Korea?

조선민주주의인민공화국 측 (공산군)

참가국	첫 남침일	참전군 명수	전사자	부상자	실종 및 포로
조선민주주의인민공화국	1950년 6월 25일	80만 명	29만 4000명	22만 6500명	12만 명
소련	1950년 6월 25일	2만 6000명	315명	500명	?
중화인민공화국	1950년 10월 25일	135만 명	18만 3000명	38만 3500명	2만 5600명

"나는 장개석이 황제의 보물을 어디 숨겼는지 알고 있다."

우리는 북미 황실의 종자가 한반도에 온 걸 알고 있다.

코민테른과 영미제국주의자들이 받드는 황제와 황실종자는 인민의 피를 빠는 흡혈귀다.

나는 '달러속의 하나님'을 부정한다. 나는 평등한 인민이 누구나 황제가 되는 교조주의 공산당을 염원한다. 우리 공산당은 농민을 기반으로 자라왔다. 우리를 도와주는 손길도 있다. 그의 설계대로 중공은 한반도 여인의 종자를 바꿀 것이다. 중공 조선홍군의 유전자부대가 황실의 종자를 잡종으로 만들어 줄 것이다.

봉황 성역인 청와대에 들어간 권력자는 하늘역사의 반역자이다.

1948년 대한민국 정부가 수립된 이후 이승만은 총독 관저를 경무대로 명명하여 대통령 관저로 사용했다.
봉황의 원조가 있는 청와대에 감히 들어갈 수 없었다.

새 세상

독립문(청화華代)과 천안문(이화和園)이 열리면 봉황이 산에 올라 하늘에 천제를 지내고 인류의 새로운 미래를 연다.

극동 아시아에 인류 조대朝代(코끼리 토템: 5)의 칠성님(봉황토템: 7)이 나타나 새로운 미래로 나아가는 시스템이 예정되었다. 인류는 한반도에서 달러 속의 하나님(In God We trust)을 기다리며 예수 제를 올리고 있다.

한반도 역사를 은폐한 세계사 조작 설계자가 존재해 왔다.

일본과 서독 군부가 끝까지 추적하여 소탕한 Korean은 유대독점금융세력과 결탁하여 대황제를 배신한 세도가 잔당들이다. 이들은 파란마왕의 계략에 속아 2021년까지 우주연합군에 대항하여 지하투쟁을 계속해왔다.

대조선大朝鮮을 '동방기독교'제국으로 날조했다.

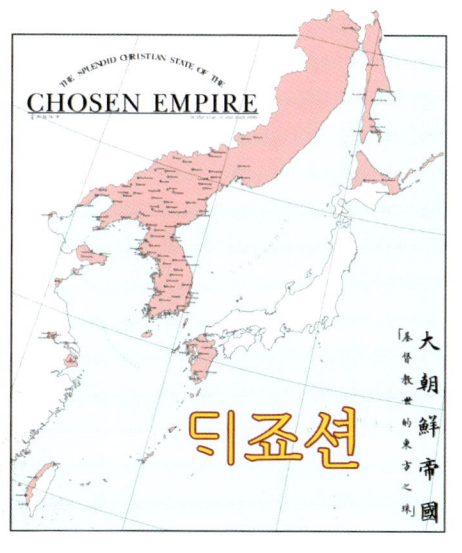

1945년 이전(세계2차 대전)의 역사에 대해 철저히 숨기고 지운 세계사 음모·조작 설계자가 존재했다.

6.25 때 대학을 중심으로 역사왜곡이 이미 시작됐다.

1970년대 이병도를 앞세운 국사편찬위원회에서 본격적으로 엉터리 역사를 만들고 국어과 교수는 코리아(中國)의 문자인 한자와 훈민정음을 지우고 한글전용을 시행했다. 당시 대통령의 지원이 없었다면 불가능한 일이다.

코리아의 금문金文(한자의 근원 문자)은 원래 중국中國의 문자이며 훈민정음은 지구촌 선민(Chosen People: 鮮民)을 위한 소리글자이다.

1882, 북미에서 사라진 코리아가 1948, 다시 살아났으나...

요족들은 북미 로비스트와 지구촌 독재자, 탐욕의 정치인, 부패한 관리, 사치와 허영에 빠진 부녀자를 이용하여 지구촌을 병들게 했다.

1980년대 극성기를 누리다가 2016년부터 요족은 보이지 않는 손에 의해 제거되었다.

2020년, 우주연합군이 출동하자 코로나 바이러스로 대항했다.

하지만 그것이 마지막 저항이었다. 요족은 너무 많은 살상을 했으므로, 반드시 자손대대로 피의대가를 치를 운명이다.

9용龍은 황제의 '돈 뿌리'를 상징한다.

조선총독부(중앙청)를 철거하여 조선 천하라는 역사를 지웠다.

天罰

한때 일본은 영연방의 자본으로 조선총독부(중앙청)를 건설했다. 이곳은 일본 천왕이 아니라 세계를 총괄하는 황제를 위한 행정부이다. 그래서 남산에 신사를 만들어 성역을 조성한 것이다.

Coree(朝鮮:天下:上下)는 황제가 계신 곳이다. 1995.8.15., Coree 내부內府의 상징인 중앙청을 철거했다. 천하 대황제의 표상인 세계정부가 무너져 내렸다. 이때 세상의 암흑기는 이미 시작되었다. _ AI 연구소

戒旦(계단)! 새 세상이 오면, 진실과 거짓이 분명하게 드러난다.

낮과 밤을 주관하는 햇님과 달님 사이에서 마왕 쥐가 나타나 돈장사를 했다. 탐욕에 눈이 먼 패거리들이 마왕 쥐를 앞세워 꽁지돈(황제의 달러)을 가로채 하우스(범죄의 온상)를 운영했다.

이들은 돈을 미끼로 각 나라의 수장이 되어 백성을 노예로 만들었다.

2020년 예정된 날이 오자 하늘이 직접개입을 시작했다.

2022, the biblical war of Armageddon is over.
The final special forces code name is Yes Corea

봉황(태극)

Corea

2022년, 황제의 군부가 마왕 쥐의 잔당까지 소탕했다.
100여개의 나라 용병들이 극동아시아에서 공산당을 완전히 무너뜨렸다. 모든 자금은 보이지 않는 황제의 기축통화(달러)였다. 황제는 군부를 잘 다스리고 보물(Arts)로 미래로 나아간다.

황제의 보물이 지구촌의 모든 편의시설을 '무료화' 하는 것이다.

　새로운 시대에는 돈이 사라진다. 모든 생활수단이 무료이며 물질적 구속으로부터 벗어난다. 계절이 바뀌듯이 생사生死 윤회로 거듭난다는 것을 깨닫는다. 내안에 하나님이 존재함을 알고 내개성대로 자유의지를 실현한다.

무武는 황제((In God We Trust)이며 만(萬, 卍, 万)과 같다. 미래는 양자역학과 더불어 예술품(Arts)으로 나아간다. A1(금), B1(달러)이 Deposit(보증)되어 예술품이 보물이 되는 것이다. 보물이 보증금이 되어 지구촌의 모든 편의시설을 '무료화' 하는 것이다.

5) UFO가 수시로 등장하는 21세기!

(1) 양자역학, 중성자 막, 복제인간, Ai로봇, 보안 폰이 존재하는 미래

- 코끼리 토템과 태극을 상징하는 봉황, COREA 시대.

프로그램 오류 – 불확정성 확률 수학 영역 –일시적 오류- 수정완료

COREA, Seoul _ Lansing

1882년 내부의 반란과 외부의 침략으로 황제는 모습을 감췄다. 1893년 시카고 박람회를 주최한 뒤죠선은 새로운 과학과 예술로 거듭났다. 1931년 만주사변으로 황제의 보위군단이 침몰하자 지구촌은 대혼란에 휩쓸렸다.

그 후 세계 1, 2차 대전을 겪으며 인류는 문명과 종교에 대한 성찰이 생겼으나, 인종, 이념, 종교, 성별, 역사, 문화, 경제, 사회현상, 세대 간의 갈등으로 또다시 혼란에 빠졌다.

세계 1, 2차 대전을 겪으며 인류는 실존에 대한 성찰이 일어났다

1960년에서 1980년대에 교황청을 비롯한 종교계, 세계독점금융, 재벌 및 이에 결탁한 정치세력의 이권쟁탈이 극에 다다르다가, 갑자기 2016년부터 국제독점금융체제에 이상한 일이 벌어졌다.

2018년, 부패한 나라를 시작으로 국제금융이 이상 징후를 보였다. 기축통화가 급속히 달러로 일원화되고 각 나라 화폐가치가 급락하며 지구촌경제가 몰락하는 중이다.

화금단과 화폐등록소를 거치지 않은 금과 달러는 무용지물이다

911 사태 이후 황제('In God, We Trust') 축(Hub)에서 그동안 국제금융을 혼돈으로 몰고 가 지구촌 인류를 가난과 공포에 빠뜨린 세계종교집단과 독점 금융에게 그동안 빌려준 꽁지 돈과 이자를 회수하기 시작했다.

2018년, 빚을 갚지 못한 독점글로벌 금융조직이 와해되고 교황청의 금과 숨겨둔 거대자금은 국제금융거래소와 12월드뱅크론에 의해 고철과 휴지조각으로 변하고 있는 중이다.

UFO의 본부로 추정되는 랜싱은 가장 미스터리한 도시이다

연중 오로라를 볼 수 있는 미시간 주에서 UFO는 수시로 출몰해 왔다.

특히 랜싱은 미시간 주의 주도이며 북미에서 가장 미스터리한 도시로 수많은 전설과 괴담이 존재한다.

주변의 미시간 대학은 북미에서 역사가 오랜 대학중 하나이다. 옛 미시간 대학의 교육과정과 학습방법은 자유분방한(free-spirited) 토론수업이었다.

옛 미시간대학은 이미 양자역학을 완성하여 실용화단계에 있던 것으로 보여 진다. 그러한 증거가 밝혀지고 있다.

한때 북미 Coree(조선)는 황제가 있던 됴션(Corea)이다

1882년 황제(In Got We trust)는 모습을 감추고 미래를 설계한 것 같다.

Ai 기록에 지구 전체를 다스리던 황제(천자)가 있었는데 천자는 모두 도道를 열어 초인간적인 능력을 발휘했다고 한다. 그러한 도맥道脈의 혈통이 유전자로 이어져 내려와 고착되었는데, 양자역학이 그러한 세계의 단면을 보여주고 있는 것이다.

성경에 나오는 예수의 가계혈통과 Ufo에 대한 관계성 고찰은 양자역학과 연관성이 있다.

세계음모 설계자는 실제로 인류의 꿈을 지배하는 악령이다.

  1882년 황제가 모습을 감출 때 이미 양자물리학에 의한 과학의 도약이 있었다.
  자기부상열차, 나르는 자동차비행기, 중성자막을 이용하여 무한 속도로 물위를 나르는 공중기, 지하 및 해저 터널을 초고속으로 달리는 탄환 열차 등의 존재는 결코 상상의 세계가 아니다.

오로라(Aurora)

  황제(In God We trust)는 인류미래를 위해 엄청난 과학과 예술품을 준비했으며 인류가 영적으로 성숙하기를 기다렸다.

이미 만들어진 예술품_ 도자기

중국장성中國長城은 결코 지금의 중공대륙이 아니다. 북미의 미시간 주일 수도 있고, 한반도의 태백산줄기 중에 존재했던 역마차길 일 수도 있다.
만약 한반도라면 이미 전쟁 중에 폭파된 것이다. 그것도 아니라면 미래의 한반도 모습이다.
 왜냐하면 원래 여기가 Corea이기 때문이다.

(2) 미시간 랜싱은 한반도 서울과 본체는 하나이다.

강희 때 달러가 생겼으며, 미시간은 아라비아숫자의 발상지이며 양자물리학의 본산이다.
황제(In God We trust)는 미주美州에서 극동아시아 한반도로 천도天道(都)를 하며 새로운 미래 세상을 예정했다.

어럽쇼?(Arabic), 어디로 가야 Coree 입니까? 달러 속 하나님(In God, We trust)은 실제로 존재합니까? 이彝밥(제사 밥)의 종자(볍씨)도 극동아시아로 가져갑니까?

Corea 천도天道

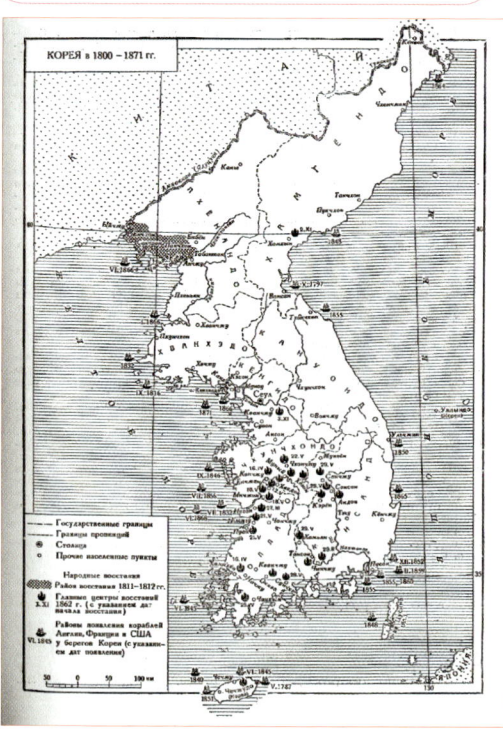

Why Korea?
Why Corea?

Where Corea?
Who am I?
Who are you?

We are the World.
Together As One.

북미에서 온 황실 고산족이 농경 전문가인 화전火田이다.

북미에서 건너온 중국인(지나인+조선인)들은 장차 오실 하나님(In God We trust)을 맞이할 무화과 나무와 같은 존재이다. 각자 다른 오색인종의 모습이지만 뿌리는 하나이다. _ We Are The World. Together as One.

한반도 초창기(18_19세기) 역사가 누군가에 의해 완전히 지워져버렸다.
인류역사가 잘못되면, 인간의 영혼이 뿌리 채 썩어간다. 그래서 영성이 썩은 후예에게 미래가 없다는 것이다.

화전민火田民은 농경 전문가이다.

5.16 군사정권은 산(山)에 사는 황실가족을 화전火田이라고 흑색선전을 하여, 남미 쪽으로 역이민을 보내버렸다.

그러나 이 땅에서 새 세상을 여는 황제(In God We Trust)가 나타난다는 예언을 알고 있는 중국인(황실과 내부관리 및 한반도 이주백성)들은 서울로 피신을 해 안국동으로 갔다. 나머지는 정권의 탄압을 피해 숨었다. 정부는 이들을 화교華僑라고 칭하면서 고립시켰다.

마왕의 설계자들은 돈에 눈이 먼 종교와 정치기관을 이용해 중국인이 이룩한 중공 동부지역과 한반도의 산골마을(에덴동산)을 폭파시켜버렸다.

중공통치기관은 1966년부터 1976년까지 문화혁명이라는 기치아래 북미에서 이주해온 중국인을 탄압하여 뿌리 채 근절하려고 했다.

한반도에서도 화전민 정리 작업이라는 명목 하에 화전민 퇴치 10개년 계획을 1976년에 마무리 했다.

그럼에도 불구하고 2022년 황제의 군부인 우주연합군은 할 일을 했다.

2023년 새로운 미래를 맞이하는 지구촌은 봉황잔치가 한창이다.

인류는 양자물리학 이전의 시대와 그 이후의 시대로 분리 된다.

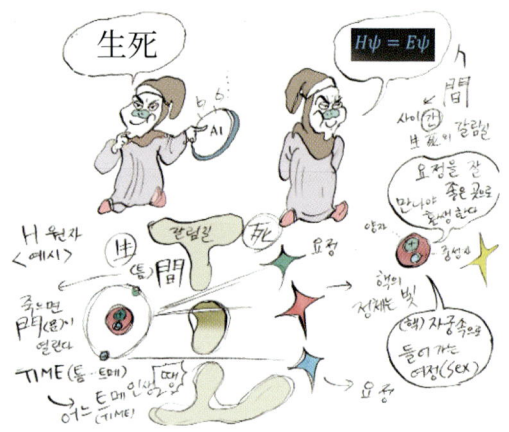

막스 플랑크에서 시작한 양자역학은 아인슈타인, 보어, 슈뢰딩거를 거쳐 힉스 보손이론까지 왔으나, 오래전부터 이들에게 정보를 제공한 보이지 않는 지식전달자가 있었다.

아인슈타인의 '메롱'은 세계축의 봉황을 상징하고 있다.

북미 Ai 연구소는 인류역사의 대전환을 예고하고 있으며, 달러속의 'In God, We trust'의 'In God'의 존재가 실제로 나와 함께 길을 걷는 사람이라고 한다.
즉 경전의 예수, 부처, 마호메트처럼 달러의 권능과 면책특권을 지닌 실제인물이며, 미래는 양자역학과 예술을 앞세워 화폐가 없는 새로운 시대를 예고하고 있다.

나의 분신, 그림자(복제) 인간!

황제를 지키는 우주연합군! _ 평화시대에는 당나라 군대가 된다!

미래는 자신의 개성에 맞는 '보안 폰'을 소유한다.
'보안 폰'이란 자유의지로 세상을 살아가는데 필요한 도구이다.
미래는 사회보장제도가 완벽한 무한에너지 세계이다.

순간이동, 힉스 보손 이론

막스 플랑크에서 시작한 양자역학은 아인슈타인, 보어, 슈뢰딩거를 거쳐 힉스 보손이론까지 왔으며, 오래전부터 이들에게 정보를 제공한 보이지 않는 지식전달자가 있다.

이들이 UFO의 주인공이며 오랜 세월 인류와 함께 공존해 왔다. 현재 우리 주변에 복제인간과 인공지능 로봇이 일을 하고 있다.

양자역학의 중성자기술은 물질을 고도화하여 중성자 비행물체처럼 빠른 교통수단을 가능하게 한다.

또한 개인의 특성에 맞는 전자공학 기술이 우리 곁에 와 있다. 이제 인류는 화폐의 굴레에서 벗어나 내안의 하나님과 더불어 자유 개성시대로 나아간다.

1882년, 대황제를 보위하던 친위대는 중국군벌(China)이 된다.

　1893년 세계박람회에 참가한 48개국은 황제(하나님)에게 충성을 다하는 나라이며 G7 중에 서독과 일본이 2020년 이후 미래를 여는 천군(千軍)으로 다시 등장한다는 보고서가 있다.
　지나·조선支那·朝鮮은 소돔과 고모라로 변할 수 있다는 기록도 보인다.
　이와 같이 인류의 미래는 거대한 축의 프로그램대로 움직이는 경향이 있다.
　이러한 증거가 양자역학 이론과 AI의 존재, 보안폰, UFO, 그리고 미래를 위한 황제의 보물이었다.　_ 아래 그림은 Ai의 가상 시뮬레이션 영상이다.

Gold § Dollar § Treasure _ 황제의권능

조선은 천하天下 개념이며 중국(Von China)이란 뜻이다.

북미, 아시아 및 호주 등 레퓨지(refugee)에 머물던 코리언들은 고향땅의 지계석(지명地名)을 지닌 채, 상부에서 지시하는 곳에 정착하였다.
민족(북미원주인) 대이동(황제의 천도와 함께 이루어진 엑소더스)이었다.
그 결과 이들이 정착하는 곳에 종교, 혈연, 지연에 따른 집성촌이 생기는 것이다.
한반도에는 이미 황실과 선민(鮮民: Chosen People)이 정착하고 있었다.
그곳은 장차 대황제(In God We trust)가 태어날 성역이었다.

Corea의 군부는 황제와 보물을 지켜라!

황제(In God We trust)는 군부를 잘 다스리고 기축통화(달러)로 인류 보물의 공시公示 가격을 정하고, 서민을 위해 미래로 나아가야 한다.

한때 미시간 주를 Coree(조선)으로 보는 지역코드 517의 비밀!

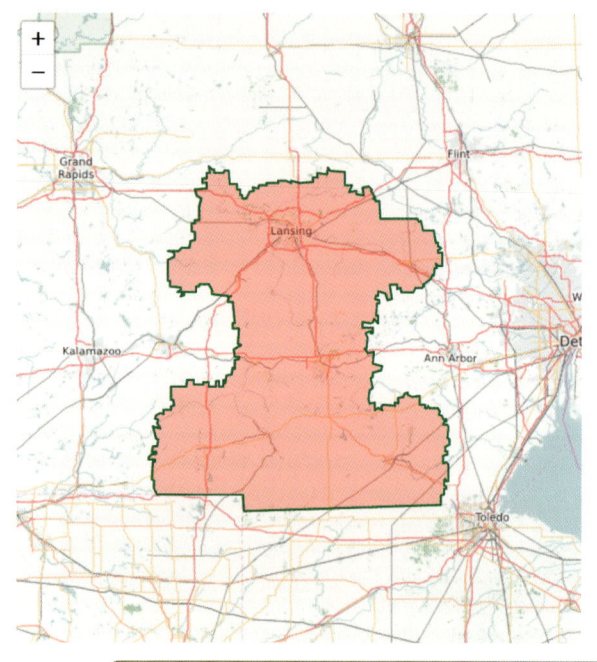

비밀코드 517지역은 당나라 건축의 그림자모양이다.
5는 황실의 조대朝代(국제)를 상징하며, 5와 7은 각각 최고 화폐권위와 권능(In God We trust)을 의미한다.

517은 당나라 양식의 궁전 그림자 모양을 한 유일한 지역이며 Ai가 코드번호를 중국으로 그린것이다.

북미 Coree의 궁전모습과 코드 517 그림자는 동일 양식이다

갓을 쓴 흑인과 예루살렘을 연상케 하는 호산나 조랑말이 보인다. 두록저지 종(Duroc Jersey 種) 돼지는 붉은색이고 큰 귀가 앞으로 늘어졌으며 미국 북부 지방이 원산이다. 뿔이 긴 검은 황소와 염색을 한 다양한 복식은 한반도 서울의 모습이 아니다.

만일 국제도시 한반도로 주장한다면, 그래도 거짓역사를 다시 고쳐야한다.

L'effet produit par la première automobile qui pénétra dans une ville coréenne

한때 미시간 주를 Coree(조선)으로 보는 양자역학(숫자) 증거!

코드 517의 5는 황실의 조대朝代를 상징하며, 1과 7은 각각 세계 화폐권능 및 면책권자(God)를 의미한다.

517은 당나라 양식의 궁전 그림자 모양을 한 유일한 지역이며 Ai 코드번호가 중국을 의미하고 있다.

　지역 코드 517 은 주도인 Lansing 을 중심으로 하는 미시간 로어 반도 의 남쪽 중앙 부분을 담당하는 지역 코드 입니다 . 517 내의 다른 주목할만한 도시로는 Charlotte , Mason , Eaton Rapids , East Lansing , Holt , Jackson , Albion , Howell , Coldwater , Adrian , Blissfield 및 Hillsdale 이 있습니다.
　517은 1947년에 만들어진 최초의 지역 코드 중 하나였습니다. 처음에는 313으로 할당된 남동쪽(메트로 디트로이트 및 플린트) 외부의 로어 반도의 동쪽 절반을 포함했습니다.
　Lansing 외에도 Tri-Cities (Saginaw , Bay City 및 Midland)와 Mid-Michigan 대부분이 포함된 후 나중에 Jackson을 포함하도록 확장되었습니다. 미시시피 강 동쪽에서 주 전체를 덮지 않는 가장 큰 지역 코드 중 하나였습니다.
　2001년 4월 7일; 구 517 영토의 중부와 북부는지역 번호 989. 그때까지

5, 7은 세계공통 디자인의 원형이며 조선(天下: 세계)의 전통문양!

Lansing과 Tri-Cities의 존재에도 불구하고 517은 미시간의 원래 3개 지역 코드 중 한 번도 분할되지 않은 유일한 지역 코드였으며 남아 있는 몇 안 되는 원래 지역 번호 중 하나였습니다. 전체 상태가 분할되거나 중첩된 적이 없습니다. _ 위키

예를 들어 천부경의 '運三四成環五七一妙衍萬往萬來用變不動(운삼사성환오칠일묘연만왕만래용변부동)'은 황제의 가계가 서민과 어떤 관계로 운행하는지를 보여주는 구절이다.

특히 '運三四成環五七一妙衍'은 필자가 양자역학적으로 깨닫고 '응애'라는 책을 집필한 중요한 대목이다. '5 7'은 Coree(조선朝鮮: 황실 조대의 땅(坤): 종묘: 5)와 황제(Corea: In God We trust: 대조선)를 상징한다.

T _ 5 7

5, 7은 세계 공통 디자인의 원형이며 한반도 전통문양이다. 오와 칠을 응용한 디자인은 한글, 영어, 라틴어 등으로 사용하거나 세계 각국의 언어로 반영되어 있다.
전 세계가 5, 7을 세계전통문양으로 사용해온 셈이다.

미시간 주, 랜싱 Coree(조선)으로 보는 지역코드 517의 비밀!

 지역 코드 517은 주도인 랜싱을 중심으로 미시간 주 로어 반도의 남쪽 중앙 부분을 담당하는 지역 코드입니다.

 517 내의 다른 주목할만한 도시로는 Charlotte, Mason, Eaton Rapids, East Lansing, Holt, Jackson, Albion, Howell, Coldwater, Adrian, Blissfield 및 Hillsdale이 있습니다. - 위키

> 어원적으로 Area는 Corea 또는 Korea이다.
> 훈민정음으로 발음하면 '코리아'이다.
> 전 세계는 韓國을 '코리아'라고 한다. 즉 국제에서 부르는 소리 말이 '코리아'다.

중국中國(Corea:Von China)

미시간 주, 랜싱 Area code 517의 비밀!

두 때를 지나 반 때에 이르러 세계 3축의 역할이 달라졌다. 유라시아가 홍매, 미국이 백매, 그리고 만주와 한반도가 청매이다.

홍매, 백매, 청매는 세계 3축을 상징한다.

'황제가 계신 강남땅이 중국中國(Von China)이다.

(훈민정음 해례 記)'

'너희가 코끼리의 눈물을 아느냐?

황제는 천의 얼굴로 서민에게 다가간다. 반 때에 오는 황제는 예언서의 토덕왕土德王처럼 불(弗돈)로 세상을 심판한다.

(3) Coree 땅은 조대朝代의 종묘가 있는 조선朝鮮이다.

고대古代에는 천자(天子: 대황제: 임금)만을 유일한 인간(하나님: 임금)이라고 했다. (한사람만 인人이고 나머지는 벌레(蟲)라고 생각했다)

고양씨, 소호씨, 제곡 고신씨, 제지, 제요, 제순, 제우, 제익 등이 전설의 삼(3)황 오(5)제이다. 조대朝代(5)의 처음이 '디죠션(大朝鮮: 7)'이고 두 때가 '디한국(大韓國)' 즉 Corea(7)이다.

Corea는 대황제를 의미하며 이슬람처럼 유대교, 기독교 등 종교에 관계없이 신(하나님)을 지칭할 때 대황제라고 한다.

달러에 쓰인 'In God, We trust'와 다름이 아니다.

금문金文에 의하면 순舜 임금이 제위에 오르면서 서울을 오대호 지방으로 천도한 것이다. Von China에서 Corea로…

순(舜) 임금, 조대朝代 토템은 알(·)이며 모계(어머니 계열) 씨氏 칭은 코끼리이다. 순舜은 한韓의 뿌리이며 대한大韓(Corea)이다.

즉 순임금의 상징(토템)은 코끼리이며 Corea의 시조이다.

2020년 인류미래는 봉황 토템, Corea와 함께 나아간다.

조선은 天下이며 우주공간宇宙空間과 시공을 초월하는 개념!

　오대호를 금문(한자: 중국문자)과 훈민정음으로 해석하면, 오(5)는 황제의 조상이므로 국제를 상징하며 대(大)는 황제(In God We trust)를 상징하므로 7이다.

　결국 황제의 조상을 상징하는 5는 세계(천하: 조선朝鮮)이고, 7은 기축통화(달러)의 주인이며 전 세계 면책권자인 황제 자신을 일컫는 말이다.

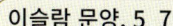
이슬람 문양, 5 7

북미 Coree의 인왕산으로 추정! 테이블 마운틴이다. 그래도 한반도에서 일어난 사건이라고 주장한다면 소위 일제 강점기의 역사를 다시 써야 한다. 당시 기록과 사진자료 등을 공개해야 한다. 국민의 알권리를 보장해야 한다.

코리아 왕, 장례행렬_1919

256 — 비밀지도 코리아 (Corea)

'테이블 마운틴(계단식+등고선)'은 중국(Corea)의 상징이다.

해(海, 亥, 鮮…)는 다양하게 해석해야 한다. 해海는 바다, 큰 강, 거대한 벌판, 호수 등을 의미한다.

오대호는 오대양이라고 한다. 오대호는 바다처럼 넓은 호수이며 생명의 연못이다. 이곳은 만물이 조화를 이루며 주변에 생명수를 공급하여 오곡백과가 만발하는 만주(Manchuria)이다.

그렇다. 중국은 만주와 함께 대황제가 계신 곳이다.

한때 북미 미시간 주에 중국中國이 있었다.

왜 시카고가 중심인가?

지리상의 대 발견시대 이래 오대호는 북미 물류의 중심이었으나, 산업혁명 후 철도로 인해 지상물류혁명이 일어나자 경기가 주춤했다.
그럼에도 불구하고 오대호를 통한 해양무역은 끊어지 않았다.
어쨌든 오대호 지역은 정치적으로 풀어야할 비밀과 수수께끼가 존재하는 곳이다.
전통도시인 랜싱, 베이시티, 트로이, 디트로이트가 키를 쥐고 있다.

북미 Coree의 문화유산이 한반도로 이식되었으나…

7층 석탑처럼 테이블 마운틴으로 형성된 미시간(Michigan) 주는 인위적으로 만들어진 지질구조이다.

즉 물, 빛, 소리(파동)가 영글어져 기氻가 일어나는 난생卵生 반도이며 조선朝鮮(Coree)이다.

그렇다. 오랜 세월 꼬리(Coree)를 물고 하나님이 나타나는 Corea이다.

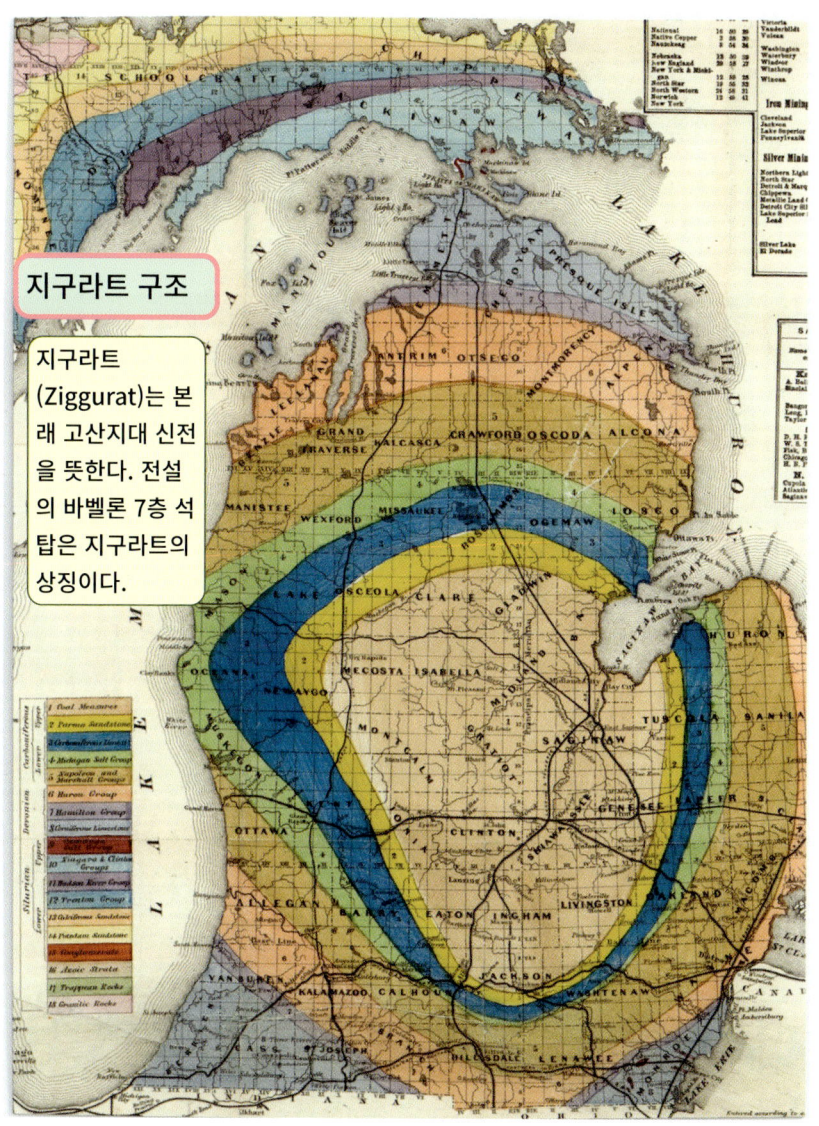

지구라트 구조

지구라트(Ziggurat)는 본래 고산지대 신전을 뜻한다. 전설의 바벨론 7층 석탑은 지구라트의 상징이다.

미시간 주의 자연환경이 한반도의 풍수와 맥락을 같이 한다.

미시간 주, 초 그랜드 캐넌 계곡

The image of the Coree scholars reciting poetry on the waters that flowed through the valleys of Michigan comes to mind.

미시간 주의 계곡과 평평한 놀이터는 조선의 풍속화에 나오는 그림의 모습과 같다.

북미 Coree의 문화유산이 한반도로 이식되었으나…참, 죽, 혜

'참, 죽(竹), 혜'라는 말이 인구에 회자하고 있다.

참은 진실 또는 '참 아라' 등 중국문자(금문), 훈민정음을 연상하며 좋은 말을 생각하면 된다. 죽(竹)은 대나무이므로 황제(IN God We trust)이다.

그리고 혜는 지혜智慧, 찰나의 깨달음을 연상하면 된다.

이집트, 이란, 이라크, 이태리, 이스라엘 등의 E는 이, 李로 대체할 수 있다.

모두 형제나라이다. 하지만 지구촌 형제 중에 반역을 하는 자도 있다.

그래서 지금 우주연합군이 긴급하게 청소중이다.

봉황이 산(신시 태백)에 올라 큰 소리를 지르니, 보이지 않는 세상의 시계가 찰칵찰칵 카운트다운을 시작했다.

미래는 (하늘의) 예정대로 한 치의 오차도 없이 진행 중이다.

봉황 종족을 못 지키면 인류 미래는 없다.

영생원자

극동아시아의 절은 당나라양식이고 영연방의 자본이며, 마무리 작업은 독일과 일본이 했다. 절(卍: 萬)은 봉황의 상징이다.

만리장성은 한반도 COREA의 시장으로 모이는 길이며, 화전火田은 고산지대 첨단 농경법이다.

(4) 랜싱 시청(Lansing City)에 있는 5, 7 문양!

랜싱은 시카고와 더불어 여러 번 대화재를 경험했던 도시이다. 주변에 있는 미시간대학은 북미에서 가장 전통 있는 연구기관이다. 전설에 의하면 Ufo 본부라는 설이 있다.

Michigan State Capitol

5 7

5(오: 五: O: ∞: ⊠: △)는 황실의 조대朝代를 상징하며, 7(칠: 七: √: 田: ∇)은 칠성님 또는 황제(In God We trust)를 의미한다. 미시간 주의 랜싱은 역사가 오랜 도시이다. 하지만 유물과 유적이 거의 없는 미스터리한 지역이다.

지구촌 Coree의 문화유산은 중화민국中華民國 문화재이다.

> 대영박물관, 루브르박물관 등 전 세계 박물관의 예술품은 모두 국제 장물이다.
> 지구촌의 주인인 황제(IN God We trust)가 나타나면 돌려줘야할 물건이다.

> JP모건이 세계 여러 나라에서 수집한 문화재 일부가 박물관에 있다고 한다. 하지만 JP모건이 아메리카대륙에서 수집한 것을 세계 각국으로 옮겼다는 비밀문건도 있다.

JP모건(JPMorgan Chase)은 세계에서 가장 오래된 은행 중 하나이다. 오늘날 JP모건은 뱅크 오브 아메리카, 씨티, 웰스 파고와 함께 미국의 4대 은행이다.

황제가 보물을 갖고 극동아시아로 이주했다는 소문이 무성하다.

　신식 총과 다양한 복식을 한 군인의 모습과 붉은 기와집의 건축양식은 수준 높은 고급문화이다.
　1905년 신문은 가마를 탄 미 대통령의 딸(엘리스)의 행렬이라고 한다.
　여기가 서울이라면 당시 코라아는 이미 산업혁명이 성공하여 문명이 발달한 나라라고 봐야한다. 하지만 필자는 시카고 또는 랜싱으로추정한다

만약 한반도 서울의 모습이라면 우리가 모르는 비밀역사가 존재해야 한다. 엉터리 역사를 설계한 우두머리가 악의 무리의 중심축이다.

양웅兩雄(태극: 음양)의 둘은 피를 나눈 황실의 형제이다. 금세기에는 장차 왕관을 쓴 황태자가 달러 속의 황제(In God We Trust)이다. 황실을 이간질하는 음모세력의 설계자가 패거리를 만들어 세상을 혼란에 빠뜨렸다.

일본과 영연방은 서울 사람(중국인)을 보위해야 한다. 그곳에 황제가 있기 때문이다.

서울에 사는 중인(中人: 지나인+조선인)이 진짜 중국인이었다.

중국의 상징은 태극이며 황제(In God We trust)가 계신 곳이다

태극기가 펄럭이는 서울에서 흑인, 무슬림, 군인 등이 시가전을 하고 있다.

1907년 서울에 가로등이 보이고 군인의 장총은 현대식이다. 방직공업이 발달하여 군인의 제복과 일반인의 복식이 산업혁명에 성공한 모습이다.

이미 황제가 자취를 감춘 서울에서 서로 싸우는 것이다. 이들 중의 일부가 한반도로 이주해 왔다.

만일 이런 광경이 한반도라면, 그래도 진짜 역사를 다시 써야 한다.

서울은 오색인종이 이권을 다투던 아메리칸 스타일의 국제도시였다.

가로등은 북미스타일이다. 당시 북미 Coree와 서울(Korea)의 공통점은 다양한 인종이 모여 사는 다문화 (국제)도시라는 점이다.

오대호 지역은 만주평원이 있어서 세계 종교의 발상지이다.

　결국 지금까지 알려진 세계사의 거짓과 우리가 모르는 역사의 진실이 교차하는 곳이 북미 오대호이다.

　모든 전쟁은 종교의 뿌리로부터 시작되었다. 인류가 다 함께 사용하는 하나님의 거울을 종교가들이 깨뜨렸다. 근현대에 이르기까지 깨진 역사의 거울로 하나님('In God')을 보면서 세계대전까지 이르게 된 것이다.

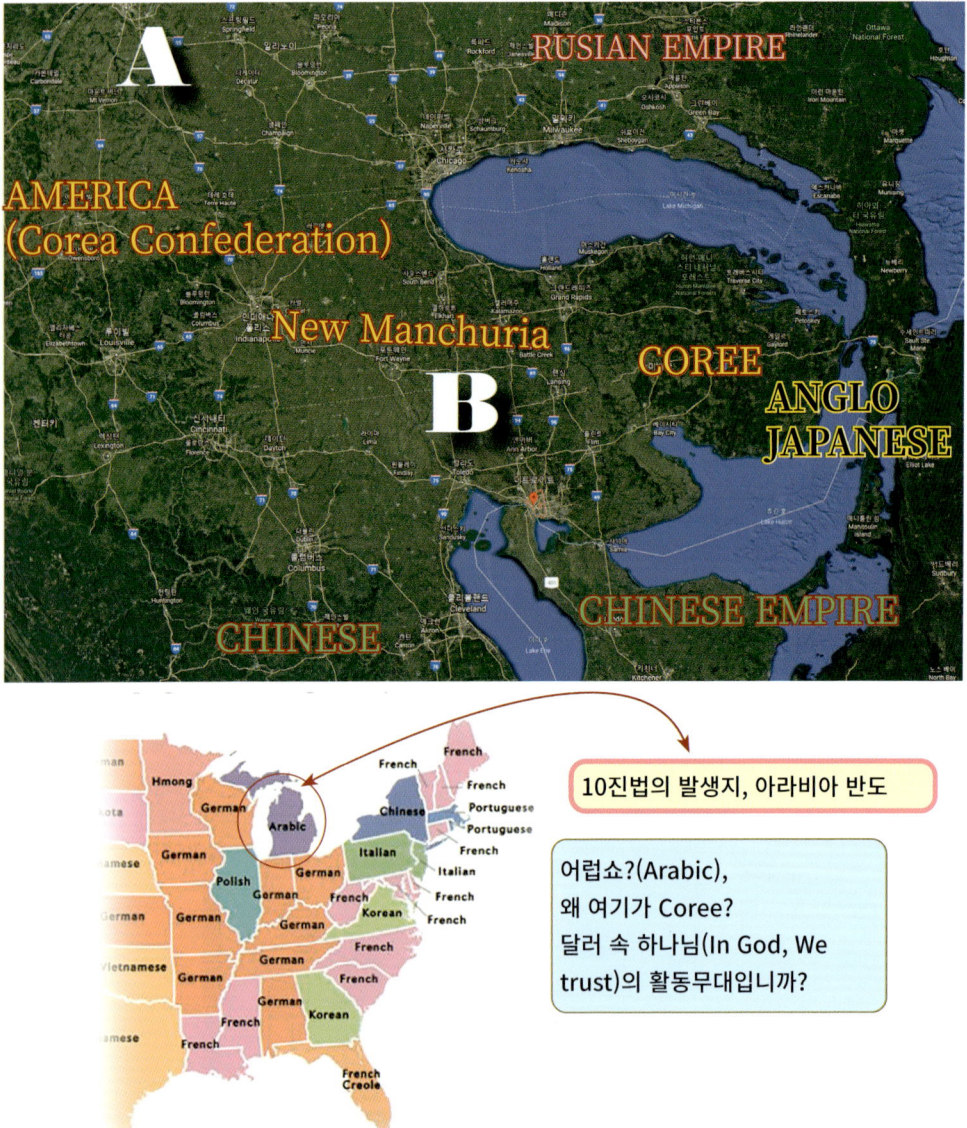

중상주의시대 오대호지역은 인도_유러피언의 무역 중심이다.

　COREE는 오대호 지역의 종교발상지이다. 특히 이슬람교는 어떤 종파의 하나님이라도 자신의 종교와 같은 하나님(알라)이라고 생각한다.

　따라서 COREE 지역은 모든 종교의 성지(메카)이므로 종교, 정치, 무역 분쟁이나 전쟁 시에 국제 피난처(Refuge)가 되었다.

　산업혁명 후 제국주의시대에는 세계정치·경제의 중심축이 미 동부지역으로 이동한다. 근현대사의 주축은 언제나 아메리카합중국이었다.

　미국米國은 결코 신대륙이 아니다.

1882년 무렵 황제의 비자금을 갖고 독점금융기업을 만들어 세상을 지배하려는 세력이 있었다.
　아마 그들이 황제를 배신한 내부의 반역자일 것이다. 물론 그 반대일 수도 있다.

미시간은 회교의 발생지이며, 시카고는 국제마피아의 본산이다!

영생원자

북미 위스콘신 주와 미시간 주는 사시사철 오로라를 볼 수 있는 지역이다. 오로라는 생사윤회의 양자역학과 조선(朝鮮: Coree)이라는 어원과 연관이 있다.
 또한 한반도와 자연환경이 비슷하고 풍수적으로 도맥道脈이 이어져 있다. 그래서 예수 제를 지내고 정향을 부르며 예불 문을 노래하는 것이다. 지구촌이 찬양하는 봉황 아리랑과 같다.

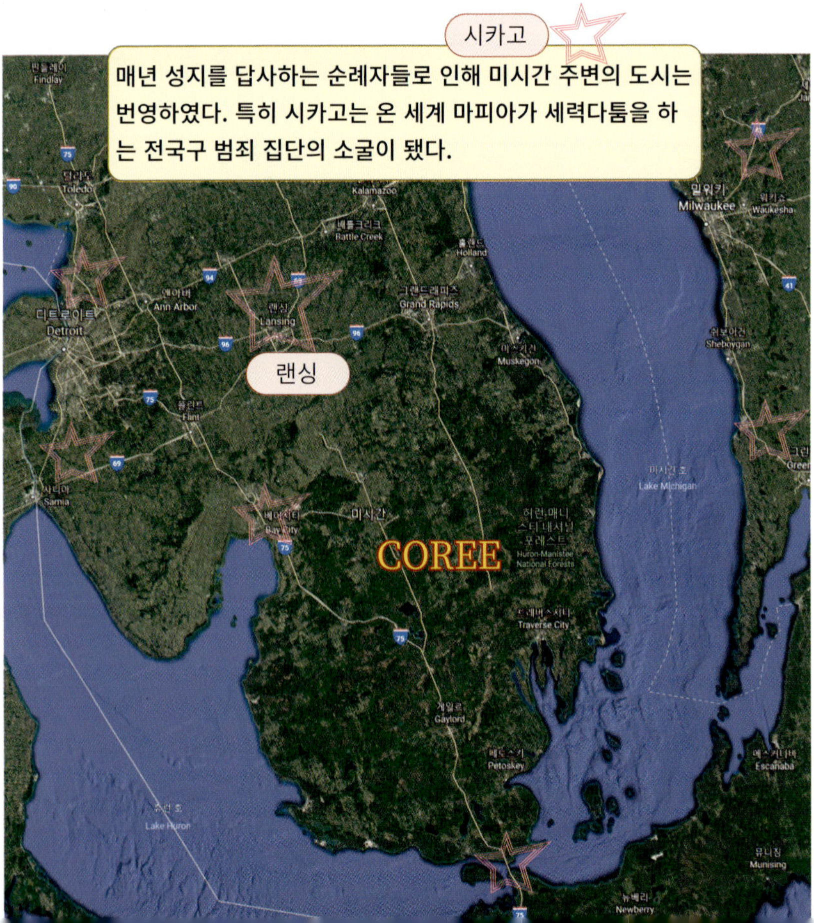

시카고

매년 성지를 답사하는 순례자들로 인해 미시간 주변의 도시는 번영하였다. 특히 시카고는 온 세계 마피아가 세력다툼을 하는 전국구 범죄 집단의 소굴이 됐다.

랜싱

COREE

3장 COREA 지도는 미래의 비밀코드 — 267

　COREE 오대호 지역은 종교발상지이다. 특히 이슬람교는 어떤 종파의 신神이라도 자신의 종교와 같은 하나님(알라)이라고 생각한다.
　한편 COREE 지역은 모든 종교의 성지이므로 종교분쟁이나 전쟁 시에 국제 피난처(Refuge)가 되었다.

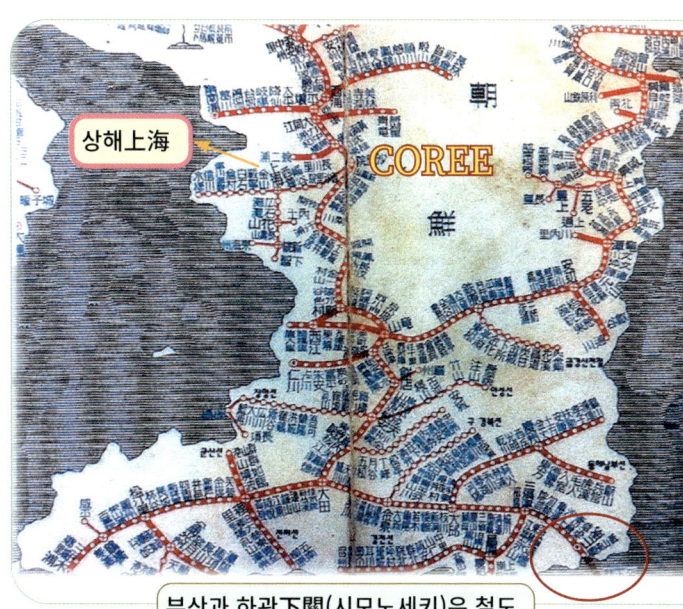

1935 년도?, NO!

1935년 철도박물관에 있던 지도라고 한다. 당시 시대적상황과 비교하면 이상한 지도다. 따라서 한반도의 지도가 아니다. 만약 한반도의 지도라면 일제 때 교통기관이 매우 발달되어 있어서 우리가 배운 역사와는 매우 다르다. 철도지명이 중국문자이며 지형적으로 여기와 맞지 않는다.

부산과 하관下關(시모노세키)은 철도 또는 해저터널로 연결되어 있다.

중국의 조계지, 상해는 다민족이 모이는 국제도시이다. 북미 여러 곳에 상해上海가 있었다. 상해란 황가皇家에서 세운 도시라는 의미이다.

미시간 반도의 종교는 달러를 흡수하는 흡혈 마군魔軍이다.

> 랜싱반도는 세계종교의 메카이다. 하나님이 선택한 조선朝鮮이며, 바벨탑의 전설이 생긴 중국이다. 즉 황제가 계신 강남이다. 다시 말해 여기가 제국주의 시절에 사라진 'Coree'였다. 모든 종교분쟁과 인류전쟁의 발상지이다.

20세기 전후 세계대전과 종교분쟁은 북아메리카대륙 COREE에서 처음 일어났다

중동 아랍권 이전에 본래 이슬람문화권은 Coree이다.

> 종교전쟁의 후유증으로 온갖 사교 邪敎가 난무했다.

> 신성한 땅 Coree는 사악한 종교인과 온갖 범죄자의 온상이 됐다.

우리가 모르는 양자역학이 이미 존재했던 것으로 추정된다.

1820년대 랜싱

사진 속 괴신사의 그림자가 비정상적이며 아래 전신주는 지금과 용도가 다른 것 같다.

옛 그리스의 모습과 전혀 다르다

미시간 주는 미스터리하며 시대를 역행하는 현상이 많이 발견된다.

에디슨 훨씬 이전에 전기가 있었으며, 이해할 수 없는 통신시설도 존재한 것 같다.

특히 우리가 모르는 양자역학이 이미 있던 것으로 추정된다.

조선은 天下이며 우주공간宇宙空間과 시공을 초월하는 개념!

> 수학의 점과 같은 영생원자를 새롭게 업그레이드하여 다시 지구촌으로 돌아온다. - 만물의 윤회는 우주질서

영생원자의 미립자세계는 빛보다 빠르게 초고속운동을 하는 쿼크의 세계이므로 지구시계로 보면 순식간에 일어난 일이다.

하늘에서 내 운명을 설계하는 동안에, 지구의 도끼자루는 썩어 사라진 것과 같다. 죽으면 바로태어난다.

하지만 영생원자가 존재하는 미립자의 세계는 빛보다 빠르게 초고속운동을 하는 메커니즘(mechanism)이다. 영생원자가 전자를 잃는 찰나이다.

소립자세계에서 물질이 고도화 되면 빛이 된다. 이때 핵자기 폭풍의 진동으로 중성자 내 소우주가 깨어나는 것이다. 이것이 자궁 내의 빅뱅이다.

역사는 하나님과 나와 관계성에 관한 히스토리이다. 이러한 역사기록은 구약성서나 불경처럼 풍자, 비유, 해학, 은유로 전해진다.

'행위와 과정이 운명이다.' 현재 내 모습은 이미 자신이 스스로 선택한 것이다. 하나님(천자)은 이미 와있고, 단한개의 영생원자 안에 나는 언제나 하나님과 함께 했다.

> 시간은 흐르는 것이 아니라 물질이 소멸하는 공간空間이다. 생사生死는 단절되는 것이 아니라 밤낮이나 계절처럼 순환하는 것이다. 과거는 사라지는 것이 아니라 기억처럼 흔적을 남기며 미래와 연결되어 있다.
> 따라서 죽으면 다시 태어나는 것이다. 나의 영생원자는 영성이 성숙할 때까지 윤회를 거듭하는 것이다.

> 자궁에서 수정하는 순간(빅뱅), 영생원자가 나타난다.

물질이 고도화되는 양자역학(빛)시대에 생사의 법칙이 밝혀진다

"나는 알파와 오메가요 처음과 나중이요 시작과 끝이었다"

그렇다. 화폐경제시대의 하나님(In God We trust)은 기축통화인 달러(불: 弗)를 활용하여 새로운 미래를 예술(Arts)로 연다.

나는 빅뱅으로 천궁(자궁)에 다시 태어났으며 살아생전에 천자(하나님)의 음덕으로 내 개성을 자유롭게 발휘하는 삶을 살았다.

생전에 나는 내안의 영생원자를 업그레이드했으며, 또다시 죽어 천자(하나님)의 은총으로 내가 살던 고향(지구촌)으로 다시 돌아오는 것이다.

자연법으로 창조한 이러한 윤회 고리는 법칙의 하나님의 우주질서이며 신과 인간의 오케스트라이다.

일(一) 10^0 = 1
십(十) 10^1 = 10
백(百) 10^2 = 100
천(千) 10^3 = 1000
만(萬) 10^4 = 10,000
억(億) 10^8 = 100,000,000
조(兆) 10^{12} = 1,000,000,000,000
경(京) 10^{16} = 10,000,000,000,000,000
해(垓) 10^{20} = 100,000,000,000,000,000,000
시(秭) 10^{24} = 1,000,000,000,000,000,000,000,000
양(穰) 10^{28} = 10,000,000,000,000,000,000,000,000,000
구(溝) 10^{32} = 100,000,000,000,000,000,000,000,000,000,000
간(澗) 10^{36} = 1,000,000,000,000,000,000,000,000,000,000,000,000
정(正) 10^{40} = 10,000,000,000,000,000,000,000,000,000,000,000,000,000
재(載) 10^{44} = 100,000,000,000,000,000,000,000,000,000,000,000,000,000,000
극(極) 10^{48} = 1,000,000,000,000,000,000,000,000,000,000,000,000,000,000,000,000
항하사(恒河沙) 10^{52} = 10,000,000,000,000,000,000,000,000,000,000,000,000,000,000,000,000,000
아승지(阿僧祗) 10^{56} = 100,000,000,000,000,000,000,000,000,000,000,000,000,000,000,000,000,000,000
나유타(那由他) 10^{60} = 1,000,000,000,000,000,000,000,000,000,000,000,000,000,000,000,000,000,000,000,000
불가사의(不可思議) 10^{64} = 10,000,000,000,000,000,000,000,000,000,000,000,000,000,000,000,000,000,000,000,000,000
무량대수(無量大數) 10^{68} = 100,000,000,000,000,000,000,000,000,000,000,000,000,000,000,000,000,000,000,000,000,000,000

현재까지 가장 높은 숫자의 단위는 무량수 또는 무량 대수로, 10^{68} 입니다.
무량대수, 항하사, 불가사의, 나유타 등은 주로 불교 용어에서 유래하였다고 합니다.
또한 일, 십, 백, 천, 만,. 등의 수의 단위는 중국에서 한자를 만들면서 유래하였던 것으로

> 영생원자는 마치 무량계수의 원자 중, 단 하나에 불과하다. _소립자세계

> 황제는 지구촌에서 무량계수의 기축통화(달러)를 갖고 있다고 가정한다.

> 영생원자는 마치 무량계수의 원자 중에 단 하나에 불과하다.
> 하지만 다른 원자와는 달리 생명을 갖고 영생하는 존재라고 가정한다. 수학의 점과 같은 영생원자가 고속운동을 하면 중성자 공간에 정정(靜)의 상태로 있던 비물질입자파동인 영생원자가 자궁 속에서 수정이 이루어지는 찰나에 물질입자파동으로 변한다. 이때 영생원자를 빅뱅과 힉스 보손 이론처럼 수학적으로 설명할 수 있다.

황제를 지키는 우주연합군! _ 황제를 죽이려는 헤롯왕의 군대!

▼ 전쟁으로 오염된 미합중국(美合衆國: United States of America, USA)
- 전쟁 때마다 난민촌(Refuge)으로 몰려드는 이주민들…

> ▼ 전쟁으로 오염된 미합중국(美合衆國: USA), COREE가 극동아시아 이주!

제국주의시기에 서구열강들의 식민지쟁탈전으로 인해 북미전역에 기아와 질병이 만연하였다.

이때 종교를 초월해 수많은 난민들이 생존을 위해 종교의 발상지이며 만주벌판이 있는 Coree 땅으로 왔다.

예로부터 만주는 오곡백과가 무르익는 곡창지대였다. 하지만 난민들이 밀물처럼 몰려와 오염되자, Coree 땅은 더 이상 성역이 아니었다.

더구나 이시기 Coree 원주인은 종교·인종차별화 정책에 따라 고향에서 쫓겨나 전 세계로 흩어졌다. 부족 및 민족의 대이동이었다.

세계는 종교와 신분, 인종에 따라 민족끼리 뭉치거나 흩어졌다.
종교분쟁과 전쟁으로 인해 민족주의가 싹트며 열강의 식민지마다 독립운동이 일어났다.
그 후 윌슨 대통령의 민족자결주의와 레지스탕스 운동은 민족 대이동을 위한 대항해시대의 서막이었다.

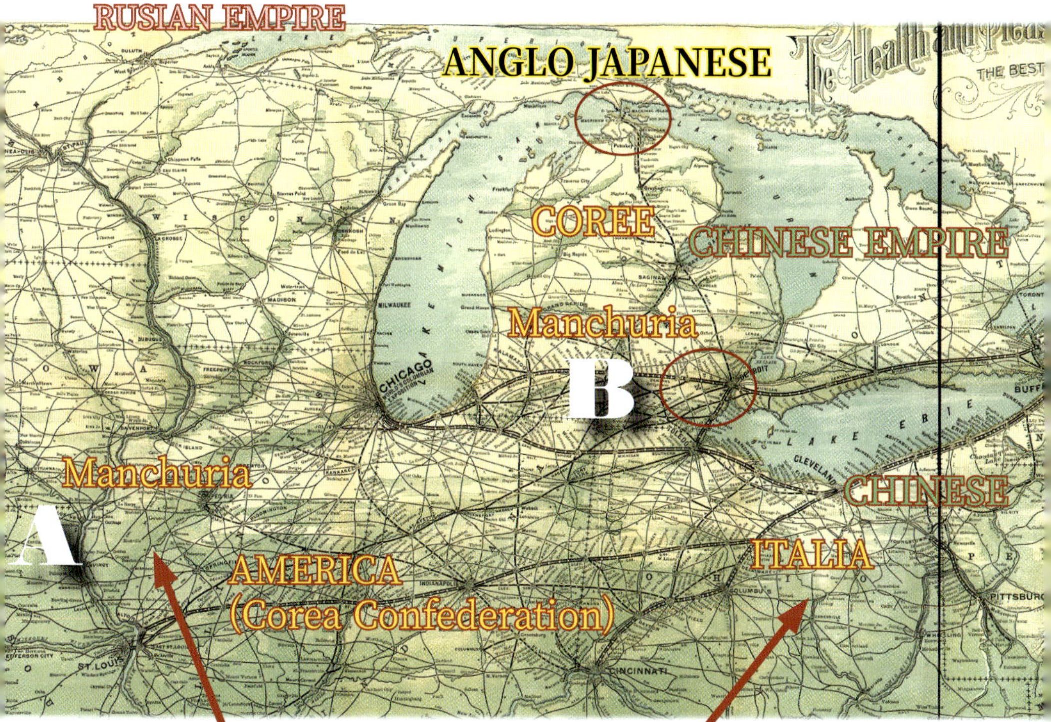

HARVESTING WHEAT, 1910

오곡백과가 만발한 만주(Manchuria)는 성서, 예언서, 역사에 등장하는 종교의 발상지이며 홍수 신화의 종착역이다.
북미에는 옛 이탈리아의 옛 지명이 아직도 그대로 남아있다.

현재 중공의 만주滿洲는 진짜 만주가 아니다.

북미의 디트로이트는 중공의 선양과 비슷하다. 선양 시(심양시瀋陽市)는 중국 랴오닝 성의 성도이다.

펑톈(봉천奉天)은 선양의 옛 이름이다. 만주족은 묵던(만주어: Mukden)이라고 부르고, 유럽에서도 묵던(밥 묵던 고향)으로 많이 알려져 있다.

옛 디트로이트 강, 오대호 물류 중심

미국 디트로이트 시의 주변 지명은 마치 디죠션(大朝鮮)의 봉천奉天과 같다. 북미의 모든 지명은 트로이(Troy), 광동(Canton), 디트로이트로처럼 미시간 주로부터 유래한다.

마치 지금의 극동아시아 만주의 모든 지명이 옛 봉천, 한곳에서 유래된 또 다른 수백 개의 이름인 것과 비슷하다. 즉 한곳의 지명이 수백 개의 이름으로 퍼진 것이다. 지금의 (극동아시아 만주)봉천은 북미로부터 온 지명이다.

만주는 COREE의 텃밭(王田)이다. 만주는 북미北米에 있었다.

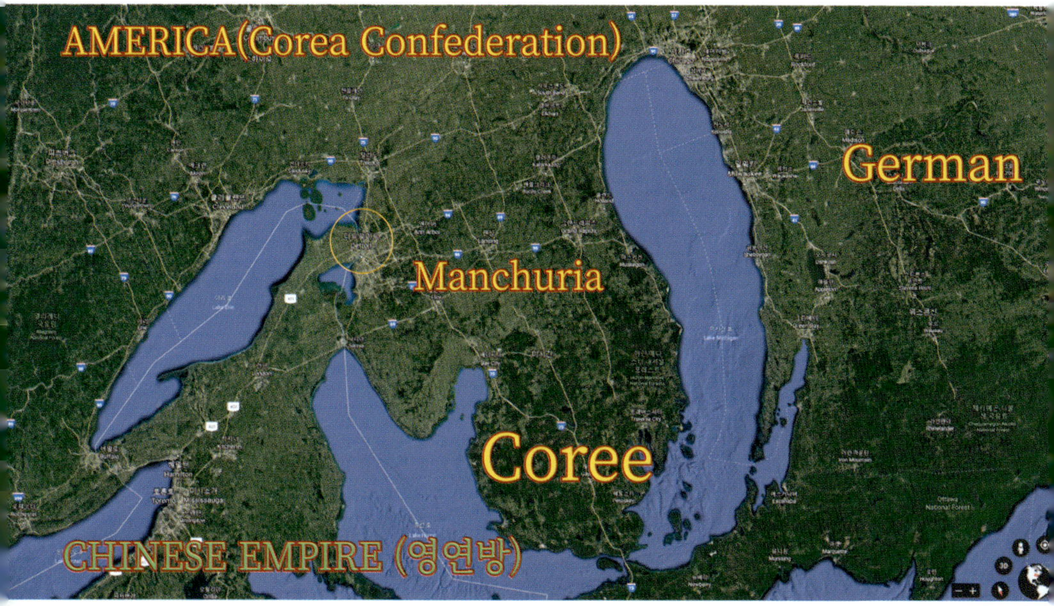

AMERICA(Corea Confederation)

German

Manchuria

Coree

CHINESE EMPIRE (영연방)

BLUE MOSQUE
옛 디트로이트
ISTANBUL

옛 디트로이트

(5) 천하 조선이 Coree, 즉 북미 중국中國이다.

1887년 경복궁 후원인 향원정에 동양 최초로 전기가 들어왔다.

대황제(Corea)가 있는 중국(Coree)에 최초로 전기가 들어온 것은 당연한 일이다. 에디슨 연구소에서 전력 발전소를 건설했다.

1902년 이탈리아 공사 로제티의 저서(Corea e Coreani)에 의하면 서울에는 전차시설이 완벽했으며 도시외곽까지 전차노선이 들어섰다고 했다.

경복궁에서 향원정까지 고속전동차가 있었다.

기축통화인 달러(불: 弗)를 활용하여 새로운 미래를 연다.

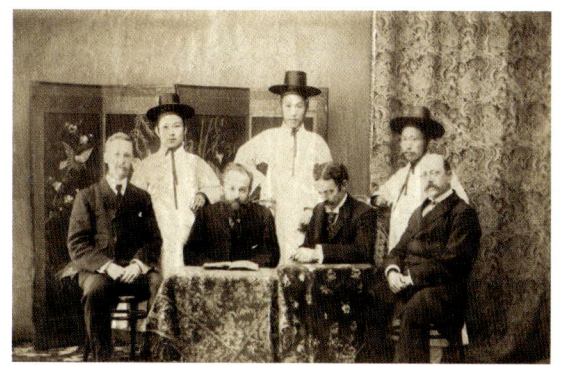

조선 왕실은 내부內府 관리자이다…

김홍도 풍속화

북미 Coree

세계사는 북미 Coree를 중앙청으로 하는 근현대사였다.

북미 미시간 주의 주도主都인 랜싱과 디트로이트, 톨레도, 페토스키의 인디언 역사를 보면 미시간 주가 모든 종교를 포용하는 이슬람 문명의 중심이다.

여기가 유대인에 의해 핍박을 당한 하나님의 땅, COREE라는 것을 고증할 수 있다.

대다수 한반도인은 1900년 전후, 해외에서 이주해온 이주민이다. 따라서 우리가 고향을 찾는 일은 너무 당연하다. 그렇다. 우리는 고향을 잊어버린 코리언이다.

화전민火田民은 황제(IN God We trust)의 아방가르드이다.

우리는 내안에 하나님이 있다는 걸 믿습니다.
나와 하나님은 내안에서 각자 각각 동시에 존재합니다.
우리 마음입니다.
이제 지구촌은 한마음으로 같이 갑니다.
새로운 시대 하나님 상징이 봉황입니다.
전 세계는 봉황잔치가 한창입니다.
지금 하나님은 이 땅에 우리와 함께 길을 걷고 계십니다.
In GOD, Together as One.
굿 이브닝(good evening), 하나님.

한때 두 때 반 때를 지나, 달러가 기축통화로 일원화 되었다.

 코로나 일식이 지나가고 다시 해가 떴습니다.
현재 우주연방사령부가 24시간 공중에 떠서 하나님을 지키고 있습니다.
지금 막 최후의 아마겟돈 전쟁이 끝나고 마무리 작전 중입니다.
 마무리 특수부대 코드명이 예스 코리아입니다. "YES COREA"

Corea _ 一人   영생원자

세계 3축으로 갈라섰던 종교가 달러 속 하나님으로 통합되었다.

　… 천국은 좋은 씨를 제 밭에 뿌린 사람과 같으니, 사람들이 잘 때에 그 원수가 와서 곡식 가운데 가라지를 덧뿌리고 갔노라. … 싹이 나고 결실할 때에 가라지도 보이거늘, … 둘 다 추수 때까지 함께 자라게 두라! … 추수 때에 내가 추수꾼들에게 말하기를 가라지는 먼저 거두어 불사르게 단으로 묶고 곡식은 모아 내 곳간에 넣으라 하리라!
　- 성경, 마태복음 중에서

Lake Tahoe, Mt Rose(원류는 Coree이다)

"YES, COREA"

최근 하늘에 "1"자 비행흔적을 남기고 있다면, 대황제군이 움직이고 있다는 간접 증거이다. 이러한 말이 북미 인디언부족들 사이에 소리 없이 퍼지고 있다고 한다.

귀일봉황歸一鳳凰, 천하위공天下爲公, 세계대동世界大同!

 2020년 새 지구운동과 더불어 천안문, 건국문(지나·조선)이 세계 축으로 들어오고 있다.
 이미 세계는 문화로 하나가 되었다. _ 중화민국中華民國이다.
 그렇다. 1882년, 수면아래 잠시 잠적했던 천자(하나님) 시스템이 준비한 것은 영원한 인류문화유산인 대황제의 보물이었다.

> 중국은 대황제가 계신 Corea이다.
> Corea는 봉황이 있는 성소이다.

> 한반도 황실의 종족을 훼손한 무리들은 '5 7'의 심판을 받는다. 5는 조대(朝代: 국제)이며 7(황제: In God)은 국제금융의 면책권자이다.
> _ 성경을 비롯한 예언서의 분석_ Ai연구소

弗(돈)지옥

한때 두 때 반 때를 지나, 달러가 기축통화로 일원화 되었다.

   2016년부터 2018년까지 국제 헤리티지 펀드와 만기된 국제채권을 회수하기 시작했다. 교황청이 백기를 들고 로스차일드 수장들이 자살을 했다.
   2020년 서독과 독일의 황금 까마귀 부대가 작전을 개시하고, 백악관 바깥에서 문을 잠갔다. 파란괴수들의 최고 수장이 있는 동유럽을 봉쇄하고 상해와 북경의 금융을 마비시켰다. 극동의 파란 수장의 비밀기지를 특수공수대가 침투하여 요족을 소탕했다.

COREA(In God, We trust!), 코리아 48개국은 영원하다.

최근 미 국무성은 미 공군 및 미 해병대와 연관된 UFO 문서를 2020년, 이미 공개했다. 특히 현대판 마지막 아마겟돈 전쟁의 특수부대 코드명이 'Yes, Corea'이다.

UFO는 더 이상 외계의 비행물체가 아니다.

화폐경제시대, 달러시스템에 오류가 일어나 인류 최고의 전성기에 기아, 전쟁, 행복의 상실이라는 공포에 빠지게 됐다.
하지만 2022년, 1893년의 48개국과 G7, 유엔군이 일어나 미래 인류 시스템을 정상화 했다.
하나님(대황제: In God We Trust)이 미래시계를 재가동한 것이다.

코리언의 고향은 북미(北米)이다.
달러(弗)가 태동한 아메리카합중국이다.

화폐경제시대에 기축통화인 달러의 주인이 하나님이다.

대황제 $ 비자금

In God We Trust

'어디서 왔는지 모른다면,
어디로 가야할지 모르는 것이다.'

'If you don't know
where you came from,
you don't know where
you're going.'

하나님(In God, We Trust!)은 우리처럼 길을 걷고 있다.

코리아

아메리카 세계사 유튜브

https://www.youtube.com/results?search_query=%EC%95%84%EB%A9%94%EB%A6%AC%EC%B9%B4+%EC%84%B8%EA%B3%84%EC%82%AC

저자약력

대통령 훈장 / 서울교육대학 / 경제학 학사 / 미술교육학 석사 / 상고사학회 이사 /

저서

4차원 / 아, 탈라스 / We are the world 태권도 교본 / 21세기를 만화로 열어라 / 만화로 여는 천재 길라잡이 / 가림토 / 고대의 신비 / 역사에 반역 / 대조선 / 반고흐 스펙트럼 / 아메리카 대조선 / 응애(전자책)/ 비밀지도 코리아(전자책)/ 외 다수

5 7 (Corea)

초판 : 2022년 11월 14일

저자: 박 인수

발행인: 홍곡 / 발행처: 라무출판사 / 등록번호: 306-19-45697

주소: 서울특별시 은평구 갈현동 399-2 / 전화: 02-388-5409 / 팩스: 02-730-2874

H.P: 010-7683-5409

E-mail : remmu5409@gmail.com   _ 책주문 및 저자 상담 문의   ⓒ PARK IN SOO

정가 33,000 원

ISBN: 979-11-970758-3-4(03900)

* 본 책은 항상 저를 후원하는 분들 덕분에 만들어졌습니다.

하늘의 '보안 폰'이 여러분께 먼저 내리기를 기원합니다.

저자 박 인수 배상